「お客様が応援したくなる飲食店」になる7つのステップ

久保正英

同文舘出版

はじめに

今思い返せば、私は幼少時から、食品や飲食業界に非常に身近な場所で生きてきたのだなと思います。

トヨタ自動車で働いていた父が、私が3歳の頃に他界したため、母方の兄弟姉妹に可愛がれて育てられました。母一人では私と弟、幼子2人を抱えての生活がままならず、身寄りのない子どもたちが生活する児童福祉施設にお世話になっているときもずっと、母方の兄弟姉妹に面会等を通じて可愛がってもらいました。

児童福祉施設で過ごした高校生の頃には、給食という大量調理を学習しました。栄養士の方が、食材原価を鑑みながら献立を考え、その献立に基づいて数百人の食を賄う調理です。その作業を、関心を持って自発的にお手伝いしたり、覗き見したりしていたことを思い出します。

母方の兄弟姉妹7人は全員、飲食業や食品業界人です。母親は大阪の某所で喫茶店やスナック経営をしていましたし、兄弟姉妹は皆、長野や大阪等で居酒屋や寿司屋を経営していました。

また母方の姉妹が嫁いだ先は大手加工食品企業の役員であったり、とにかく私の身内は、とても食品や飲食業界に縁があるようです。そして私もアルバイト先は、当然のように身内が経営する居酒屋や寿司屋さんでしましたし、大学を卒業後も迷わずなじみのある「食」の業界に身を投じたのです。

現在私は、「春菊のシンプル・ベジ」という名称で農作物を栽培・販売し、同時に「一般社団法人エコ食品健究会（中・小規模の飲食や食品事業者252社の会員組織）」の代表理事として、会員企業に環境・健康をテーマにしたマーケティングや経営の講義をしています。またこれらの実践で身についたノウハウや知識を「農業／飲食／食品　マーケティング実行支援コンサルタント」として会員外のクライアント先で指導したり、とにかく休む暇を惜しんで、楽しく働いています。

この、幼少から今に至る約40年間、本当に多くの食品や飲食事業者の栄枯盛衰を目の当たりにしてきました。「あんなに賑わっていたのに今や閑古鳥……」「あんなに暇そうだったのに今や大繁盛」「あんなに大繁盛していたのに今やお店もない」等々、たくさんの事業者のうれしい悲鳴、悲しい悲鳴を聞いてきました。

その結果、繁盛している食品や飲食業のお店には、閑古鳥が鳴いているお店が持っていないひとつの「大きなちから」が宿っていることに気づきます。それが本書のタイトルにある「応援」というちからなのです。

栄枯盛衰と言えば、いちばん印象深く残っているのが、私の母親の経営していた喫茶店やスナックです。4歳か5歳の頃でしょうか。母親が、自ら経営するスナックの客席に座って、私や弟の前で泣きじゃくっていた悲しい光景。今でも鮮明に、ことあるごとに思い出します。

当時のことを母親に尋ねたことがあります。そうすると母親は、「最初の経営に失敗し、借金だけがたくさん残った悲しい日だった」と教えてくれました。

そして「もう一方で、生きてきた中でいちばんうれしい日だった」とも言ってくれました。私もかすかに覚えているのですが、私がある言葉を母親にそのときに語ったと言います。それは「僕がママを助ける……」という言葉です。

この言葉が何を意味しているのか、今の私にはわかります。母親の頑張りを目の当たりにし、心の底から、「困っているママにちからを貸して助けたい！」と思ったのでしょう。

母はこのときの言葉が、「その後の再起の原動力になったのよ」言ってくれました。「応援」されることは、これほど大きなちからになるのです。

本書を通じて、皆さんが「応援」の偉大なちからに気づき、「応援される飲食店」を目指すことを通じて、小さくとも末永く地域で生き残るお店づくりに取り組むきっかけとなってくれれば幸いです。

久保正英

「お客様が応援したくなる飲食店」になる7つのステップ◉目次

2章 成長する飲食店は「応援」されている

3章 「応援されて」来店され、購買されることが大切であることを知る

4章 お客様に応援される飲食店 7つの法則
ちからを貸したいと思わせる

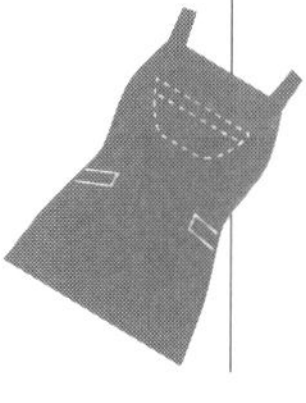

5章 お客様に応援される飲食店　7つの法則
実際にちからを貸していただく

6章 お客様に応援される飲食店 7つの法則
ちからを継続的に貸してくれる関係を築く

7章 自店がお客様に応援されているちから＝
「応援力」を知る！

8章 自店がお客様に応援されているちから＝「応援力」を伸ばす！

カバーデザイン／新田由起子（ムーブ）
本文デザイン・ＤＴＰ／シナプス

1章 東日本大震災が示した、日本人の応援して購買する特性

1 被災地で成功する飲食店と苦労している飲食店

２０１１年3月11日14時46分、東日本大震災（以下、震災）が発生しました。発生時、私は東京・吉祥寺の某飲食チェーンのメニュー開発担当者と店内で打ち合わせをしていました。

尋常でない揺れだったため、情報収集が必要と判断した私は、少し時間を置いて店を後にし、駅に向かいました。電器屋さんのテレビの前には人だかりができていて、画面に目をやると恐ろしい光景が映っていたのです。宮城県の某所の大津波の映像でした。

次の瞬間、私の頭をよぎったのが宮城県、岩手県の沿岸部にあるクライアントの食品企業や、私が代表を務める一般社団法人エコ食品健究会（以下、社団）の会員企業である水産加工工場の存在でした。

嫌な予感がした私は、すぐさまこれらの企業に連絡を取るため、社団のメーリングリストに「現況を教えてくれ！」と投稿しました。それが震災の復興支援への最初の関わりでした。

災害の規模の大きさから、被災地の飲食・食品企業の苦境は容易に想像できました。津波の映像を見ながら、「現地に行かなければ！」という気持ちが時間の経過と共に高まってきたのを覚えています。

深夜、つながりつつあった携帯電話を駆使して、社団の会員やクライアント企業から被災地に入る有志を募り、積み込めるだけの救援物資（食糧）を積んで炊き出し支援に向かったのです。

それから、約4年が過ぎました。今も私は、4軒の仮設飲食店、2つの仮設商店街の復興支援に関わっています。

そして現在、復興に向かう仮設飲食店の現状は、ある意味、非常に端的で明快な解答を私たちに示してくれています。

その現状とは、**成功している飲食店と苦労している飲食店が、素人目に見ても一目瞭然である**ということです。

観光で来たお客様は、「繁盛しているお店で舌鼓を打ちたい！」と混んでいても並びます。一方、閑古鳥が鳴いているお店は、遠目に目線をやり、店内を覗き、暇そうにボーッとしている店主を見て、「やっぱりやめておこう……」と思うようなのです。

まさに人が人を呼ぶ、暇が暇を呼ぶという光景が目に飛び込んできます。

震災は、多くの気づきを私たちに提供してくれました。それは、人が生きるということの大切さ、家族の存在のありがたさ、日常生活を普通に送れることのありがたさ、人と人とのつながりや絆、等々です。

私も尊い友人1人と約30名の知人をこの震災で失いました。あれから約4年が過ぎた今、生きている私たちは、この震災をどう捉えて生きていけばいいのでしょうか。私は、それぞれの持ち場（職場や家庭等）で今一度、この事実を受け止め、得た教訓を後世に伝えていく義務があるのではないかと思っています。

私の持ち場は、個人の飲食店や食品企業の経営を元気にすることです。この震災で得た教訓や解を、本書を通じて多くの飲食店や食品企業の方々に、そして後世に伝えていく義務があると考えています。

今思い返すと、震災後に「現地に行かなければ！」と思ったその気持ちこそが、この本で最も伝えたい簡潔なメッセージなのだと思います。

震災後間もなく、苦境に立たされている飲食店や食品企業の皆様が、まずは生きるために必死で津波を逃れ、そして避難所で手を取り合って頑張っている映像が私の心に働きかけ、「応援したい！」という感情を芽生えさせました。

応援したいという感情が被災地に向かう動機になり、そして現在に至るまで被災地へ足を運び続ける原動力になっているのです。

人の気持ちは上辺だけの表情や仕草では動きません。本気で一所懸命に取り組む姿に反応して、**心の奥底にある「応援したいボタン」のスイッチが入り、気持ちが動く**のです。

本書を通じて、飲食店や食品企業の皆様が、この「応援」という心のシステムを理解され、うまく自店の経営に活用されることを願ってやみません。

2 応援の思いが購買や来店につながった

震災後、被災地の食品や雑貨を被災地以外で販売する光景を、多くの人が目にされたことと思います。一般的には「被災地支援即売会」とでも言いましょうか。

かく言う私も、この被災地支援即売会を延べ60回は企画し、多くのボランティアの人たちに応援していただいて、実施してきました。

次ページの写真は、静岡県で行なわれた、Jリーグチームの復興チャリティー試合の会場で実施した、「被災地支援即売会」の様子です。

２０１１年3月の震災以降、２０１２年までに大なり小なり、全国で約６０００もの被災地支援即売会が実施されたと言われています（社団調べ）。

また、２０１１年11月の「復興屋台村気仙沼横丁」を皮切りに、２０１２年にかけて被災地沿岸部には、ラッシュのように仮設商店街や仮設飲食店街がオープンしました。それらの施設に全国の人たちが来店し、賑わいを見せていた光景は各種メディアを通じて全国に発信され、皆さんの記憶にも新しいと思います。

サッカー会場での被災地支援即売会の様子

その光景について少し立ち止まって考えてみましょう。

この、全国で被災地支援即売会を主催した人たちの動機や、被災地の仮設商店街や飲食店街に押し寄せた人々の動機とは何だったのでしょうか。

そのヒントは、インターネットで「復興支援」などのキーワードで検索すると、よくわかります。例えば次のようなサイトが出てきます。

２０１１年５月からはじまった、被災地復興支援プロジェクト「Oyster For Oyster」は、島根県海士町《あまちょう》と地元の企業などが力を入れて取り組んだ活動のひとつです。海士町のブランドである「岩ガキ」を購入すると、宮城県東松島市のカキ生産者に義援金が届く、という仕組みです。

このプロジェクトを紹介するサイトの記事タイトルには、「被災地のカキを**応援**する『Oyster For Oyster』（義援金つき岩ガキ販売）開始！」という記載があります（現在は終了）。

また経済産業省でも、東日本大震災・被災地域復興支援販売を複数回、本館正面玄関で実施し、そのタイトルはズバリ「【第○弾】被災地**応援**フェア」と名づけられていました。

農林水産省は現在も、省をあげて「食べて**応援**しよう！」というキャンペーンを展開しています。

お気づきいただけたでしょうか。これらすべてに「応援」という言葉が入っています。

全国で生まれた約６０００もの被災地支援即売会を主催した人たちの動機や、被災地の仮設商店街や飲食店街に押し寄せた人々の動機とは、まさに「応援したい！」であったのだと推察できます。


ではここで念のため、全国各地から仮設商店街や飲食店街に人々が押し寄せた光景を、マーケティングのニーズとウォンツという視点で整理しておきたいと思います。

ニーズとは、日常生活を過ごすうえで満たされない状態を指す言葉です。ウォンツとは、ニーズが具体的に表現された、商品やサービスを欲する感情を指します。

「安全安心な野菜を食べたい！」がニーズで、「目の前にある無農薬の野菜が欲しい！」がウォンツです。

東日本大震災のあの光景を映像を通じて見た、全国の多くの人のニーズやウォンツは、

【ニーズ】　被災地を応援したい！
【ウォンツ】　被災地産の商品が欲しい、被災地にできた仮設商店街や飲食店に行きたい！

というように整理できます。

被災地の商品や被災地仮設商店街等の存在は、当時、全国の多くの人のウォンツ（欲求）に合っていたため、大きな購買や来店に結びついたのだと思います。

3 被災地仮設飲食店への応援の思いが明暗を分ける現在

先ほど、被災地で「成功している飲食店と苦労している飲食店が、素人目に見ても一目瞭然である」ということをご紹介しました。

このことは単独の店舗に限らず、お店の集合体である仮設商店街や飲食店街にも当てはまります。適度に賑わいを見せる仮設商店街や飲食店街が存在するのに対して、一方では人気がなく寒々しい光景の仮設商店街や飲食店街が実際に存在します。同じ被災地なのに、同じ被災者なのに、どうしてこのような明暗がついてしまうのでしょうか。

その明暗を分けるヒントが次ページ上の表にあります。表は、主な仮設商店街や飲食店街が２０１３年４月～２０１４年３月までの１年間に何回、商店街（飲食店街）内でイベントを実施したかを集計したものです。

そして併せて見ていただきたいのは、その仮設商店街や飲食店街の活況ぶりを確認した下の表と、抜き打ちで調査した、各仮設商店街内のお店の開店時間状況です（24ページ表）。

これらの結果は、何を表わしているのでしょうか。

イベント実施回数

	回　数
A 商店街	29
B 飲食店街	9
C 飲食店街	32
D 商店街	8
E 飲食店街	19
F 商店街	8
G 飲食店街	18

出典：一般社団法人エコ食品健究会　被災地支援活動報告書

活況ぶりの確認

	2013/12/22	2014/2/16	2014/3/29
A 商店街	○	○	○
B 飲食店街	×	×	×
C 飲食店街	○	○	○
D 商店街	×	×	×
E 飲食店街	△	△	△
F 商店街	×	×	×
G 飲食店街	△	△	△

出典：一般社団法人エコ食品健究会　被災地支援活動報告書
活況ぶりの確認方法：各抜き打ち日の 20 時時点での、各仮設商店街（飲食店街）来店人数で判断。総席数の半数以上を来店者が占める場合を活況（○）、総席数の 10 ～ 49%の来店者数をまずまず（△）、総席数の 10%未満を（×）と表現

開店時間の確認　　単位：時間

	2013/12/22	2014/2/16	2014/3/29
A 商店街	8.8	8.1	8.1
B 飲食店街	5.3	5.1	4.9
C 飲食店街	9.2	8.2	8.3
D 商店街	4.9	5.1	5.2
E 飲食店街	7.4	6.9	6.6
F 商店街	5.5	4.7	5.6
G 飲食店街	7.2	6.8	6.7

出典：一般社団法人エコ食品健究会　被災地支援活動報告書
総開店時間の確認方法：各抜き打ち日に各仮設商店街（飲食店街）に出店していた店の開店から閉店までの時間を合計し、単純平均したもの

私はこの結果を、

「手数が少ない（イベントの仕掛け回数が少ない）仮設商店街や飲食店街ほど集客に苦戦している」

「開店時間が短いお店が多い仮設商店街や飲食店街ほど集客に苦戦している」

と、分析しています。


4章-1で詳しく説明しますが、この結果は非常に大切な視点を私たちに提供してくれています。その視点とはまさに次の質問に集約されます。

「あなたは、どの仮設商店街、飲食店街を応援したいですか？」


私なら迷わず、「手数が多い（イベントの仕掛け回数が多い）仮設商店街や飲食店街」、「開店時間が長いお店が多い仮設商店街や飲食店街」と、答えます。理由は単純明快で、**一所懸命に頑張っていそうだから、**です。

手数が少ない、開店時間が短いお店は、手数が多い、開店時間が長いお店よりも一所懸命に頑張っているとは、心理的に思えないのです。

つまり、**応援する気持ちになれない**ということです。

ひと昔前に、ベンチャーキャピタルに勤める友人に「深夜でも明かりがこうこうと光っているベンチャー企業に投資する」のだと聞きました。それが「**一所懸命に頑張っている**（本気で取り組んでいる）か否かのモノサシになるから」だそうです。

もちろん、閖古鳥が鳴いている仮設商店街やお店がある背景には、高速道路無料化の終了、福島県の原発による汚染問題（風評被害含む）、さらには近隣の宿泊施設の不足等々、多くの理由があって、客足が遠のいていることは紛れもない事実でしょう。

被災地全体で２０１２年に比べ、２０１３年は３～４割もの観光客が目減りしたとの報告も散見されます。

しかしながら、いまだ活況を呈している仮設商店街や飲食店街が存在することも事実です。このことに着眼してその理由を紐解いていくことが、集客を考えるうえで非常に重要だということを頭の片隅に置いて、本書を読み進めてほしいと思うのです。

4

飲食店は食を通じて、関わる人が「幸せ」を感じる場を提供する

被災地の仮設商店街や飲食店街で、活気があるお店に目を向けると、とても大切な気づきが得られます。そしてそのお店で実際に飲食を楽しめば楽しむほど、その気づきは深く心に刻まれます。

その気づきとは**「関わる皆が幸せそうな空間」**であるということです。関わる皆とは、お客様であり、従業員であり、仕入先であり、お店につながるすべての人たちです。とにかく居心地がよい空間が体感できるのです。

ハーマン・デイリーのピラミッドをご存じでしょうか。

数十年前までは、経済成長つまりGDPの拡大が、我われ生活者の暮らしを豊かに、そして幸せにするという概念で認識されてきました。

しかしながら、現在、日本をはじめ多くの先進国で、小売販売額や工業生産高等々、多くの指標が右肩上がりを示していても、国民の多くが「生活に幸せを実感できない」とい

ハーマン・デイリーのピラミッド

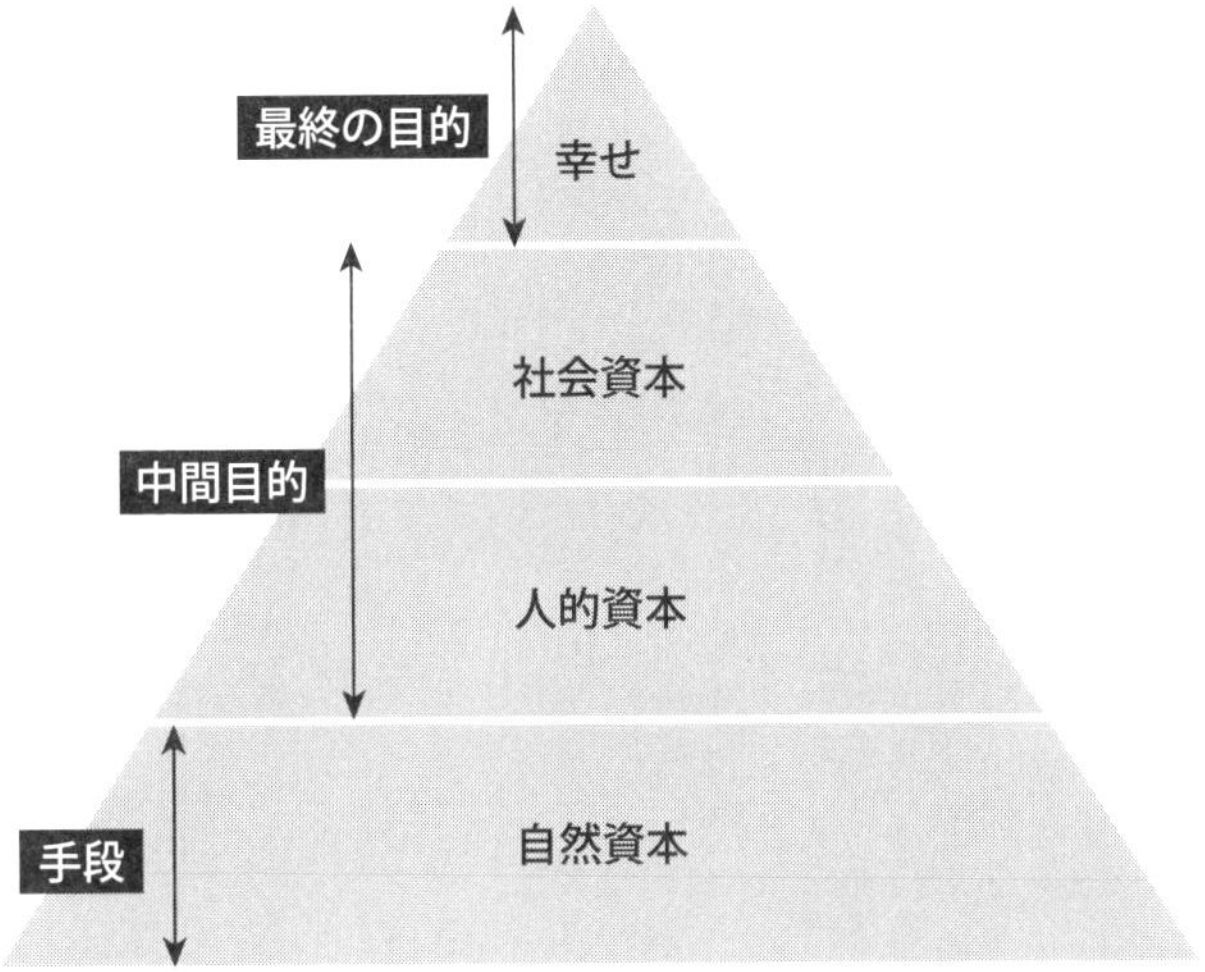

う時代に突入したと言われています。
よく使われる、目指すべき経済成長のモデルが、元世界銀行のチーフエコノミストが提唱する、「ハーマン・デイリーのピラミッド」です。

ハーマン・デイリーのピラミッドに飲食店や食品企業を当てはめるならば、自然資本は例えば野菜等の農作物かもしれません。また人的資本は、店主の存在そのものや働いてくれるスタッフかもしれません。社会資本は、地域に立地する飲食店にとっては自店のある地域そのものでしょう。

これら資本を手段にして、飲食店という場に「幸せな空間」を築き上げることが、これからの時代の飲食店経営に、ますます求められていることを忘れてはなりません。
売上という数値的（または金銭的）側面にだけ着眼した飲食店経営では、ＧＤＰ拡大主義では幸せを実感できないのと同じく、やがて行き詰まることでしょう。

結局のところ、関わる人々が幸せになる空間（場）を提供するために、皆さんの飲食店や食品企業は存在するということを忘れてはならないのです。

本書を通じて紹介する「応援される仕組み」は、この幸せを勝ち取る経営の根本となる手法です。お客様に応援されお客様を応援し、スタッフに応援されスタッフを応援し、仕入先に応援され仕入先を応援する、素敵な循環を築きあげる最短の手法なのです。
そして、その循環が築きあげられる経過と共に、売上も上昇することを実感できると思います。「売上は後から必ずついてくる」のです。

2章

成長する飲食店は「応援」されている

1 来店客数が少ない飲食店の特徴

お店の売上は客数×客単価で表わされます。飲食店を経営されている方ならば、一度は分解して考えてみたことがあると思います。では、その中で「来店客数が少ない理由」にだけ着眼して「なぜだろう?」と考えてみたことはあるでしょうか。

一般的には来店客が少ないのは、次のような5つの理由で説明されることが多いと思います。

- 飲食メニュー(品揃え)が客層にマッチしていないから
- 提供する料理がおいしくないから(質が悪い)
- 販売促進策がうまくいっていないから(客層に合った広告媒体等を選べていない)
- お店の印象が悪いから(不衛生、外装デザインが悪い等々)
- 立地条件が悪いから(商圏内人口が少ない等々)

これらの理由は「もちろん、そうでしょう！」と言い切れます。しかしながら読者の皆さんには、**「応援したいお店ではないから」**という理由を紹介したいと思います。

そうです。**お客様が「応援したいお店」と思っていれば、極端に言えばどんな立地であれ、どんな料理であれ、お店に足を運ぶものです。**つまり応援したくないから、わざわざ足を運ぶ気になれないのです。

私がコンサルタントとして入っているお店に「わざわざ」足を運ぶお客様（お店のことを応援したいと思ってくれるお客様）は、先の5つの理由を次のように捉えるようです。

- 飲食メニュー（品揃え）が客層にマッチしていない↓
私好みのメニュー（品揃え）ではないけれど、気にかけて好みの料理に近づけようと一所懸命つくってくれるから、行きたいと思う
- 提供する料理がおいしくない（質が悪い）↓
料理は飛び抜けておいしいわけではないけれど、一所懸命に料理してくれる姿がうれしいから、行きたいと思う
- 販売促進策がうまくいっていない（客層に合った広告媒体等を選べていない）↓

販売促進策（割引クーポンなど）の存在は知っているけれど、店主が**頑張っているし、**
使う使わない、は別にして行きたいと思う

・お店の印象が悪い（不衛生、外装デザインが悪い）↓
店の外観はイマイチだけど、店主は**一所懸命**に掃除しているし、行きたいと思う

・お立地条件が悪い（商圏内人口が少ない）↓
駅から遠いけれど、**頑張って**お店を開けているだろうから、行こうと思う

このように考えるお客様が、本書で言うところの「応援してくれるお客様」です。
来店客が少ないお店の最大の特徴は、応援してくれるお客様が少ない点だと言っても過言ではありません。３章で書きますが、固定客がどんなにたくさんいても、来店客は増えないのです。

つまり、来店客の少ないお店には「**わざわざ**来店してくださるお客様がいない」のです。わざわざ来店してくださるお客様が少ないということは、自店を応援してくれているお客様が少ない、つまり来店客も少ない、と理解していただいても結構です。

このように書くと、どのようにして「わざわざ」を知ることができるのだろうという疑問が湧くと思います。その方法は7章で説明します。

2 客単価が低い飲食店の特徴

さて、売上は分解すると客数×客単価であることは先ほどお話ししました。

前項では客数が少ない理由について考えましたが、ここでは「客単価が低い理由」について、考えてみましょう。ここでも、まずは一般的に客単価が低い理由として考えられることを紹介しますが、おおよそ次のようなことに集約されると思います。

・メニュー（品揃え）に魅力がない（もう一品頼もう、あれも食べたい、これも欲しい、というように、重ねて購買や注文をする気持ちにならない）
・接客が適切でない（お客様の店内での食事状況に合わせた、「さらに注文したくなる」ような提案ができていない）
・店内ＰＯＰの訴求力が低い（もうひとつ、さらにひとつ、と購買や注文をする気持ちにならない）
・メニューや物販の単価が安い（競合店を意識しすぎて値つけが適切でない）

- クーポン等の割引機会が多い（競合店を意識した、価格販促の実施回数が多すぎる）
- メニューのパッケージ化が機能していない（ランチやディナー等のセットメニューの魅力が足りず、相応の価格設定もできていない）
- 購買や注文を促進するような価格の表現不足（例えば、松竹梅、上中下という3段階の価格設定をして、中間の竹や中の価格帯の商品を意図的に選んでもらう、など）

このように客単価の低い一般的な理由を眺めてみると、どれももっともです。実際、私もこういったお店のコンサルティングをよく頼まれます。

しかし、これらはすべて表面的なものです。応援してくれるお客様は次のように考えて行動しているので、応援されているお店であるならば、これらのことは無縁なのです。

- メニュー（品揃え）に魅力がない↓

お客様自ら、店主やスタッフからおススメ・メニューを聞き出して注文したいと思う

- 接客が適切でない↓

お客様自ら、店主やスタッフからおススメ・メニューを聞いて注文し、店の都合のいいタイミングで持ってきてもらえればいいと思う

・店内ＰＯＰの訴求力が低い↓
ＰＯＰで理解できなくても（訴求されなくても）、店主やスタッフからおススメ・メニューを**自ら聞き出せばいい**と思う

・メニューや物販の単価が安い↓
価格が他店に比べ相対的に安いか高いかはほとんど**意識していない**。そもそも**他店との比較をしない**

・クーポン等の割引機会が多い↓
そもそもクーポンや割引を**使う気持ちがない**

・メニューのパッケージ化が機能していない↓
店主やスタッフのおススメ・メニューを**自ら聞き出す**ことに主眼を置いているので、メニューに魅力があるか否か、相応の価格か否かの視点で考えたことがない

・購買や注文を促進するような価格の表現不足↓
大切なのは店主やスタッフのおススメ・メニューなので、あまり価格を基準にメニューを決めない

つまり、応援してくれるお客様は、**自ら能動的にお店の運営にプラスになるように関わ**

おススメ・メニューを注文したお客様の客単価

	フード単価	ドリンク単価
2013/12/13	3362円	2530円
2014/2/7	2944円	1921円

おススメ・メニューを注文しなかったお客様の客単価

	フード単価	ドリンク単価
2013/12/13	2062円	1933円
2014/2/7	2049円	1651円

一般社団法人エコ食品健究会ユーザー部会調べ

るのであって、決して足を引っ張ることはしません。

このような視点から、客単価が低いお店の特徴は「お店の都合を聞いてくれる（理解してくれる・優先してくれる）お客様が少ない」点にあると言えます。

もっと噛み砕いて説明すると、店主やスタッフがおススメしたメニューを快く注文し、出てくるのはいつでもいい、というお客様が多いお店は応援されていると言えます。このような状態ならば、自ずとこちらの意図通りに客単価を上げることが可能です。

おススメしても、注文してくれないお客様が多いお店の客単価は低いことがわかっています。

上の表は、社団が都内のある居酒屋で調べたものです。喫茶店であれ、レストランであれ、客単価はおおむね同じような傾向を示します。この表を見ると、その違いは一目瞭然ですね。

3 成長する飲食店への来店動機は「応援したいから」

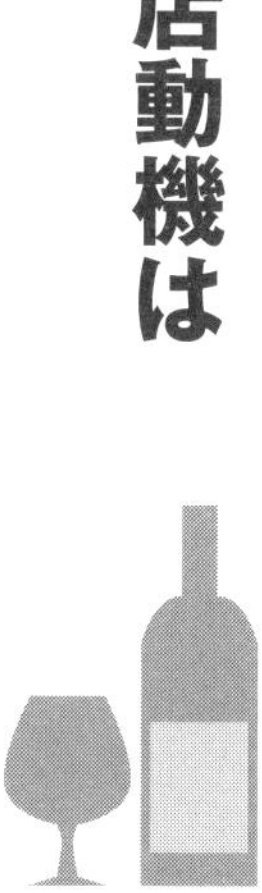

皆さんは、お客様が来店する動機（理由）を考えたことがあるでしょうか。
まずは一般的な話ですが、大きく次の2つの理由があります。

・何となく（理由は特になく、漠然と行動した結果）
・このために（何らかの目的を達成するために行動した結果）

まず、前者の「何となく来店する」お客様は、「お店の外観に魅かれて」「たまたま通りかかって目立っていたので」など、多くは偶発的な理由を挙げます。

私が社会人になりたての頃、松嶋菜々子主演の『やまとなでしこ』というドラマがありました。非常に高視聴率だったようですから、私と同じ世代であれば、覚えていらっしゃる方も多いのではないでしょうか。

このドラマの中で松嶋菜々子は合コンの女王と言われていて、合コンに明け暮れる毎日でした。そして合コンにやってくる男性は皆、彼女の美しい外見に魅かれていきます。このタイプの男性陣の軽いこと飽きやすいこと……。

かなり脱線してしまいましたが、つまり、「何となく」で来店するお客様は、恋愛で言う「外見で人を好きになるタイプ」だと思うのです。このタイプは飽きやすいという特徴があると言われています。

外観で来店したお客様は、ちょっと言いすぎかもしれませんが、いわゆるミーハーなお客様の可能性が高いのです。したがって、次にいつ来店いただけるかの予測ができません。

もちろん、そうではないお客様もたくさんいます。偶然店の前を通りかかり、「私の感性に合いそうなお店の外観」「私の趣味にピッタリなお店の外観」と感じて来店し、結果的に「このために来店する」というお客様に育っていくこともあるからです。この場合に重要なのは、店の内装や世界観、コンセプトと外観が一致していることです。

一方、後者の「このために来店する」お客様は、さまざまな明確な来店動機（理由）を持っています。例えば、私のような阪神ファンであれば、「同類の阪神ファンの店主と語らうために！」などです。

この2つの来店動機を確認したうえで、次ページ上のグラフを見てください。これは社団が、「まぬー」という個人経営の喫茶店で常連客に対して、2013年に行なった来店動機と来店頻度の調査結果です。

喫茶店「まぬー」の来店頻度単純平均（月あたり来店回数）

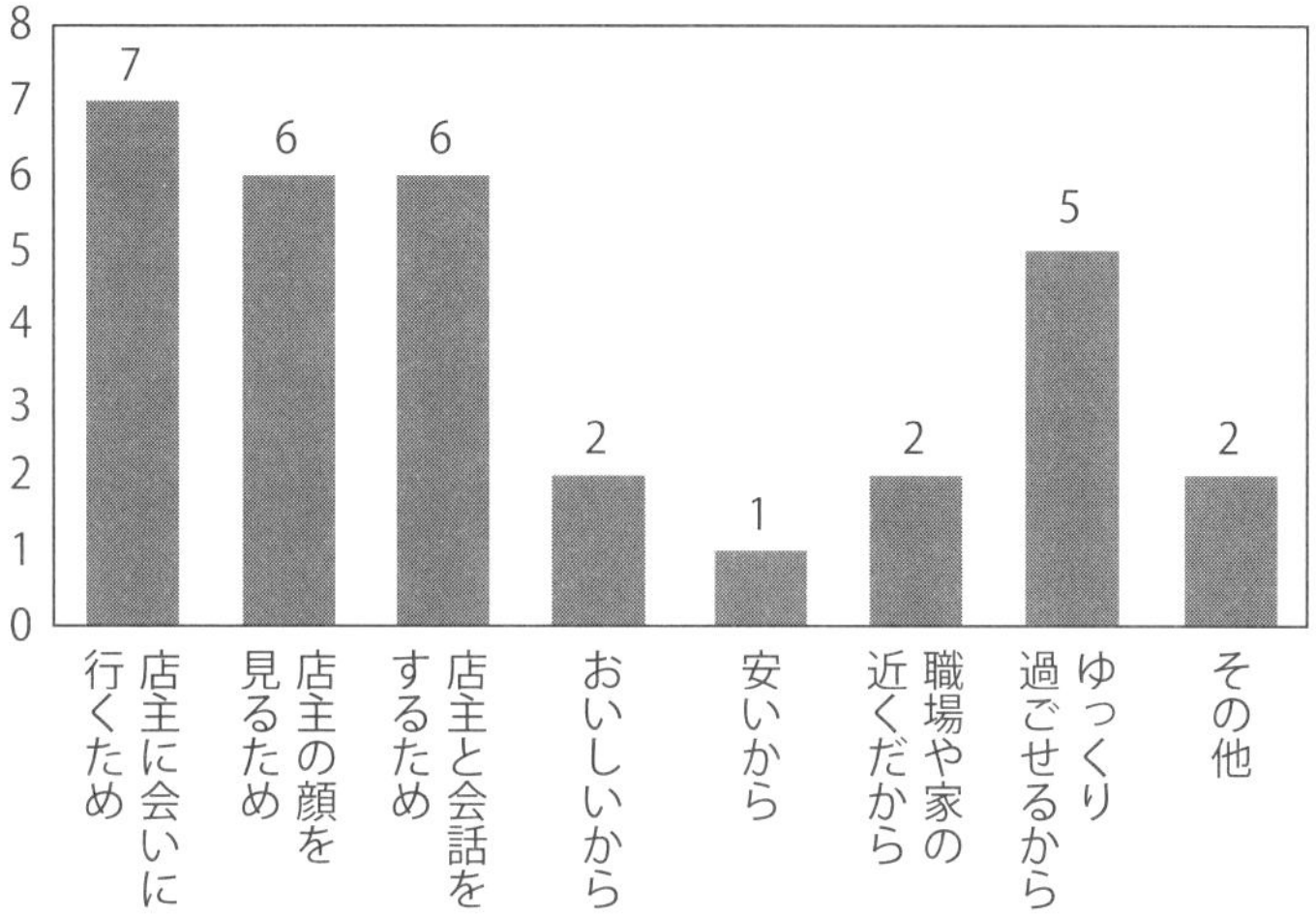

大手チェーン店の来店頻度単純平均（月あたり来店回数）

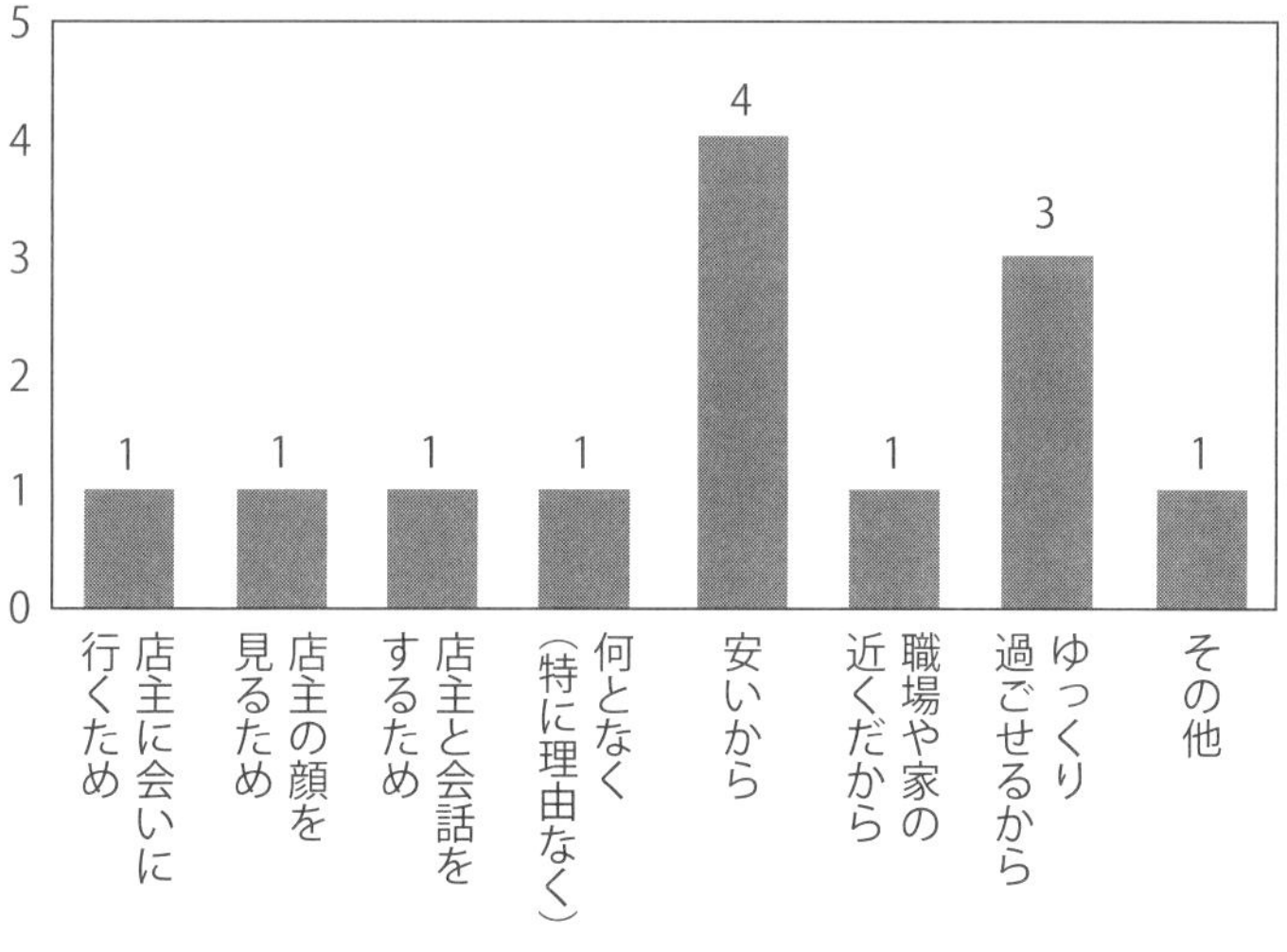

いずれも一般社団法人エコ食品健究会調べ

来店頻度の高いお客様の理由に注目すると、「店主に会いに行くため」「店主の顔を見るため」「店主と会話をするため」等々です。つまり「店主」が目的です。

一方、下のグラフは誰もが知っている、ある大手喫茶チェーンの来店動機と来店頻度の関係性を表わしたものです。個人経営の喫茶店とはガラッと変わり、安いから、ゆっくり過ごせるから等々、一般的なことを理由としている方が多いです。つまり背景に「何となく！」という考えがあるお客様たちです。

この2つのグラフを見比べてわかることは、お店が小さな規模であればあるほど、店主を目的とした来店理由の回答が多くなりそうだ、ということです。実は私は多くの支援先でこの関係性を調べるのですが、このシナリオはほぼ当たっています。**頻繁に来店するお客様は「店主に会いに行っている」**と言っても過言ではないのです。

ここからが本題なのですが、ではなぜ店主に会いに行くのでしょうか。それは先ほどの喫茶店「まぬー」で追加調査した結果で、明らかになります。その調査結果が次ページのグラフです。

このように店主に会いに行く理由は千差万別ですが、圧倒的な理由として「応援しているから」「応援したいから」が挙げられています。

店主に会いに行く理由（単位：人）

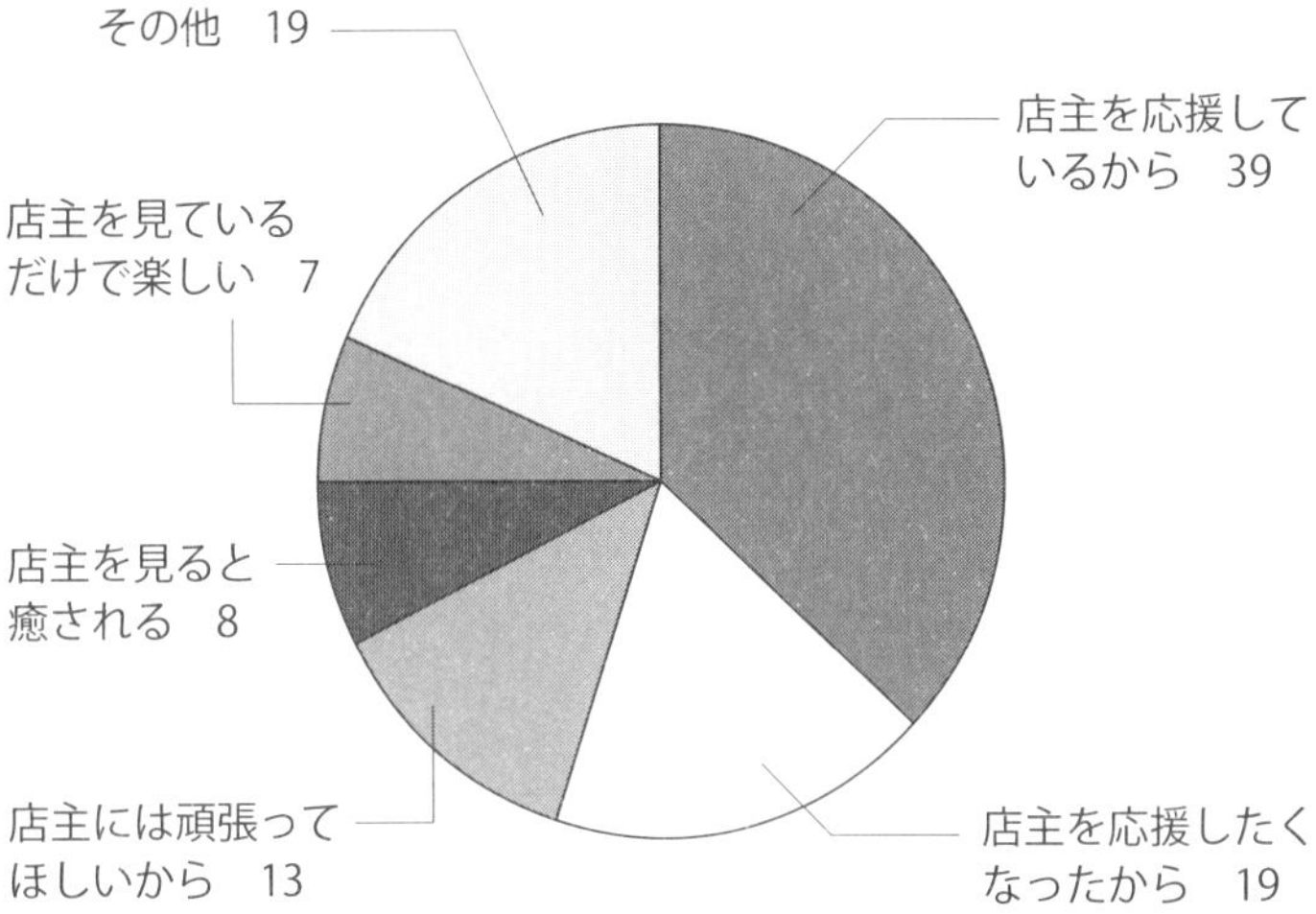

一般社団法人エコ食品健究会調べ

以上のことから、私はいつも支援先で「店は店主そのものなり」というメッセージを伝えています。

規模が小さい個人経営の店であればあるほど、このメッセージは生きてきます。

結局のところ、店主が応援されなくては、お店が繁盛することはないのです。どんなにおいしい料理を出してみても、店主を応援してもらえない限り、客足は伸びることはありません。

「料理」を応援したいのではなく、その店主が出す料理だからこそ応援したいのです。

余談ですが、前述のように私が大好きな阪神戦を必ず観戦できる居酒屋に通う動機は、「阪神ファンの店主と語らうために！」です。そして、同じような阪神ファンだらけの店内空間が大好きなので、しょっちゅう足を運びます。

店主が阪神ファンだからこそ、このお店に足を運ぶのであって、毎試合プロ野球を放映していたとしても、ジャイアンツファンの店主がこのお店を経営しているのなら、絶対に行きません。阪神ファンの店主だからこそ、同じ阪神ファンとして応援したくなるのです。

・ジャイアンツファンの店主が阪神ファン向けの居酒屋を経営
・阪神ファンの店主が阪神ファン向けの居酒屋を経営

どちらが店主の本気度が伝わりますか？　もちろん後者です。人は上っ面ではなく、本気で一所懸命に頑張る店主やお店を応援したくなるものなのです。

4 成長する飲食店の特徴

ここまでの説明を前提に、お店を構成する6つの切り口（店主、スタッフ、仕入先、お客様、料理、5S）にフォーカスして、「成長する飲食店」の特徴を整理していきましょう。

皆さんのお店はどうでしょうか。もし6つの切り口の特徴が自店ではきちんと押さえられている、と言えるのであれば、あなたのお店は応援され、成長するお店への階段を昇りはじめている、と言えます。

◆成長する飲食店の店主とは

成長する飲食店の店主は、お客様から非常に高い信頼を勝ち取っています。文字通り、頼りにされ、信じられているのです。簡単に「信頼」と書いてしまいましたが、お客様から信頼を勝ち取るのは並大抵のことではありません。それは、時間の経過と共に醸成されるものだからです。

また、信頼を得ているのはお客様からだけではありません。お店で働くスタッフからも同じです。こういったお店の店主は、スタッフとの間にも強固な信頼関係を築いているものです。

成長する飲食店の店主は、働いてくれているスタッフたちと、共に居心地よく働ける場づくりに日々取り組んでいます。

例えばシフトを決める際にも、彼らのプライベートにもしっかりと気を配ります。学生アルバイトであれば、テスト期間には配慮して無理にシフトに入れない、などです。つまり、店主がお店で働くスタッフの私生活を応援しているような状況です。

今だけ、今日だけ、営業時間だけ、というようなスタンスでは強固な信頼関係は勝ち取れません。今日も明日も明後日も、来年も再来年も、営業時間外も休日も、**あなたはお客様やスタッフの目にさらされているという意識を持つべき**です。つまり飲食店を経営する以上、「心の底からの休み」など、あり得ないのです。

また、信頼を勝ち取るためには、決してお客様を裏切らないことです。具体的には、話している内容に一貫性が保たれている、営業時間中と営業時間外のキャラクターが変わらない、などがその秘訣です。

笑い話をひとつ紹介します。私の知人は某大手環境コンサルティング会社に勤めており、日々お客様に環境への配慮を促したり、指導する立場にいます。その知人がある日、奥さんから「家で、使っていない部屋の電気もこまめに消せない人の指導にお客さんが納得するはずがない！」と言われたそうです。

当時、彼は顧問先をことごとく失っていくという負のスパイラルに陥っていたので、この言葉は心にズバッと突き刺さったようです。

私はこの知人の話を聞いて次のように思いました。

「あっ！　なるほど。お客様は彼の言動に信頼をおけなかったのだな。おそらく顧問先でトイレの電気を消し忘れるなど、環境配慮を指導している立場として矛盾が滲み出てしまっていたのだろう……お客様はしっかりと見ているものだ……」

成長する飲食店の店主は、お客様（つまりは近隣住民）、スタッフに信頼されています。それは店主の日々の「一貫性のある言動」で培われるものです。性格が内向的だとか外向的だとかは関係ありません。どちらであれ一貫性があればいいのです。

営業時間中の店主は闊達で声掛けも抜群だけれど、営業時間外には道で会っても、挨拶もしない。このようだとお客様の心に「？？」という気持ちが湧いてしまうものです。

◆成長する飲食店のスタッフとは

成長する飲食店で働いてくれているスタッフたちは、学生アルバイトを含め、とても士気が高いのが特徴です。

先に書きましたが、店主が働いてくれているスタッフのことを心の底から応援していれば、自ずと店主も応援されることになります。人は応援されていることを実感すると、応援してくださる方に何かしら恩返しをしたくなるものなのです。その自然に起こる心の働きかけが、応援を生む原動力です。

先ほども述べましたが、例えばアルバイトスタッフが学生であった場合、必ず試験期間が発生します。「今度の試験は万全か?」などと店主が自分ごととして声掛けをし、シフトを配慮するような心配りは当然ですが、それが親身であればあるほど、そのアルバイトの学生の心に深く「応援されている」という気持ちとなって刻まれます。

そんな素敵な体験は、やがて社会人になって店を離れたとしても、きっとお客様として来店してくれる関係性を築くことになるでしょう。また、アルバイト期間中ならば、宴会で人手が足りない等々の緊急時にも快く出勤をしてくれると思います。

◆成長する飲食店の仕入先とは

成長する飲食店に関係する仕入先担当者の特徴は、何かとおしゃべりです。納品するだけでなく、世間話はもちろんのこと、他店の状況やお得な食材情報等々、とにかくよくしゃべります。そうするのは店主としゃべりたいから、お店に長居したいから、など単純な理由からです。つまり仕入先にとって、お店が居心地のよい空間なのです。

食材の卸業（配達）をした経験がある方はわかると思うのですが、居心地が悪いお店には長居したくないものです。さっさと納品だけして、お店を後にします。

「居心地が悪い空間」とは、「店主が仕入先の売上を1円でも上げてあげようという努力をしない空間」とも言えます。仕入先は売上見込みがないところには、自然と冷たくなるものなのです。

私は製パン業界で働いていたことがあり、喫茶店にモーニングやサンドイッチ用の食パンを納品して御用聞きをする、セールスドライバーをしていました。そのときの私もまさにそうで、居心地のいいお店に長居する時間を捻出するために、長居したくないところはさっさと店を後にしていました。

1日に約200～400本の食パンを積み、喫茶店各店を回り、「今日は何本卸しますか？」と尋ね、卸していくのです。こちらも仕事ですから、店あたりに何本卸すかが自分の売上に関わってきます。たくさん卸せるところ、卸せそうなところに長居したくなるのは自然なことなのです。

ここでポイントなのは「たくさん卸せそうな」という点です。ひと言で言うと「可能性が感じられるお店」と言えます。だから必然的にお節介に（おしゃべりに）なります。有益な情報を与えることによって、売上が上がる可能性があると認めたからなのです。

セールスドライバーは、食パンのさまざまな利用を促進するために、メニュー提案をしていきます。そのためには前提として、お店の客層を知る必要があるし、何より店主の考えや思いを知ることが大切です。

店主が近い将来どのようなお店にしていきたいのか、などの話を聞きながら、自分も店主の気持ちに納得すると、そのお店に対する期待値が上がり続け、気づくとお店を応援するボタンに手が掛かっているのです。

繰り返しますが、成長する飲食店に出入りしている仕入先の特徴は、お節介であり、おしゃべりです。そのような状況になるには、あなたのお店が仕入先に応援（期待）されるように一所懸命に頑張らなければならないということなのです。

◆成長する飲食店のお客様とは

成長する飲食店に来店されるお客様の特徴もまた、お節介だということです。店主やお店を盛り立てようと気を回し、気を利かせてくれます。

実際にあることですが、厨房の店主が調理に追われて手が回らないようだと、料理を運んでくれたり、テーブル拭きを手伝ってくれたりします。

こういったお客様は、お店の足を引っ張ることを嫌います。注文に追われている店主の姿を見て、そのタイミングで追加注文など絶対にしません。手が空いたのを見て注文するし、料理の提供が遅いなどとは絶対にクレームをつけたりしません。提供されるまで、ある程度は辛抱して待ってくれるのです。

◆成長する飲食店の料理とは

成長する飲食店のメニュー（料理の品揃え）は、実にシンプルです。

もちろん品揃えの幅は、店によって千差万別なのですが、成長する店は、いわゆるセールスポイント（売り）のメニューがハッキリしているのです。

都内の某沖縄料理屋さんの店内に掲示されているメニュー表は、全体の4分の1ほどのスペースを、お店の売りである沖縄ソバのメニューが占めています。

このお店は日々、応援してくれるお客様で賑わっています。

どのような人たちが応援してくれているのかと言うと、多くは沖縄出身の方々です。店主も沖縄出身ですから、都内で頑張っている店主と自分の境遇を重ね合わせるのでしょう。

それにこのお店に来れば、沖縄談義で盛り上がることができます。先ほど述べた、店主が阪神ファンのお店に阪神ファンが集う論理と同じかもしれません。

このように、成長する飲食店のメニュー（料理の品揃え）は、実にわかりやすくシンプルなのです。

◆成長する飲食店の5Sとは

「5S」とは、各職場で徹底されるべき5つの事柄（整理、整頓、清掃、清潔、しつけ）の頭文字をとった、職場環境を改善するためのスローガンのことです。

次ページ上のグラフは「行きつけの居酒屋のトイレの衛生状態」を調査したものです（社団調べ）。

「まずまず」を含めると、およそ85％の人が行きつけの居酒屋のトイレの衛生状態に満足していることがわかります。

下図は、東京・新橋駅前で「行きつけではないけれど、今日たまたま利用した居酒屋のトイレの衛生状態」を、覚えている限りで確認させていただいた結果です。覚えていない人が過半数ですが、汚いとする人が多いことに気づきます。

行きつけの居酒屋のトイレの衛生状態（単位：人）

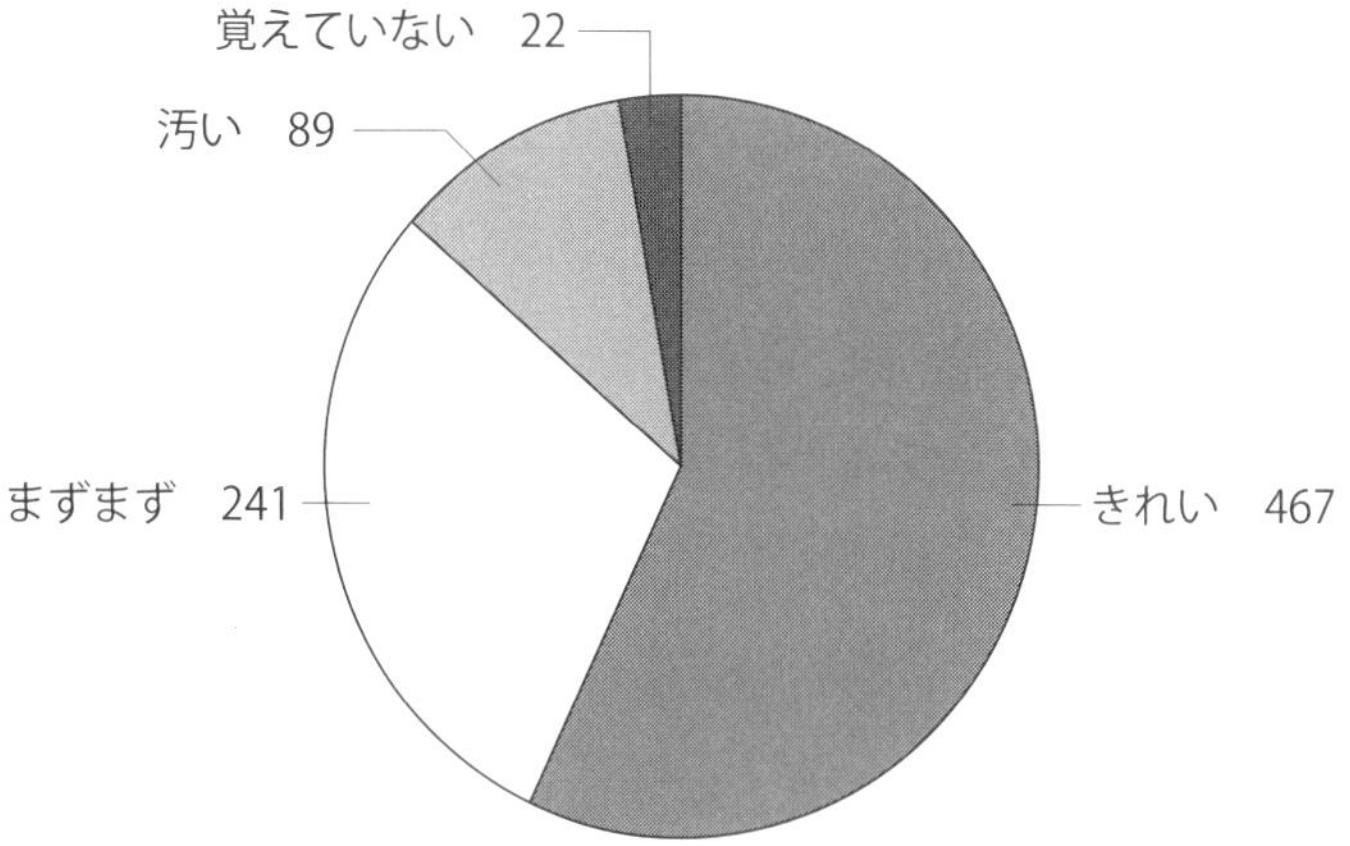

今日利用した居酒屋のトイレの衛生状態（単位：人）

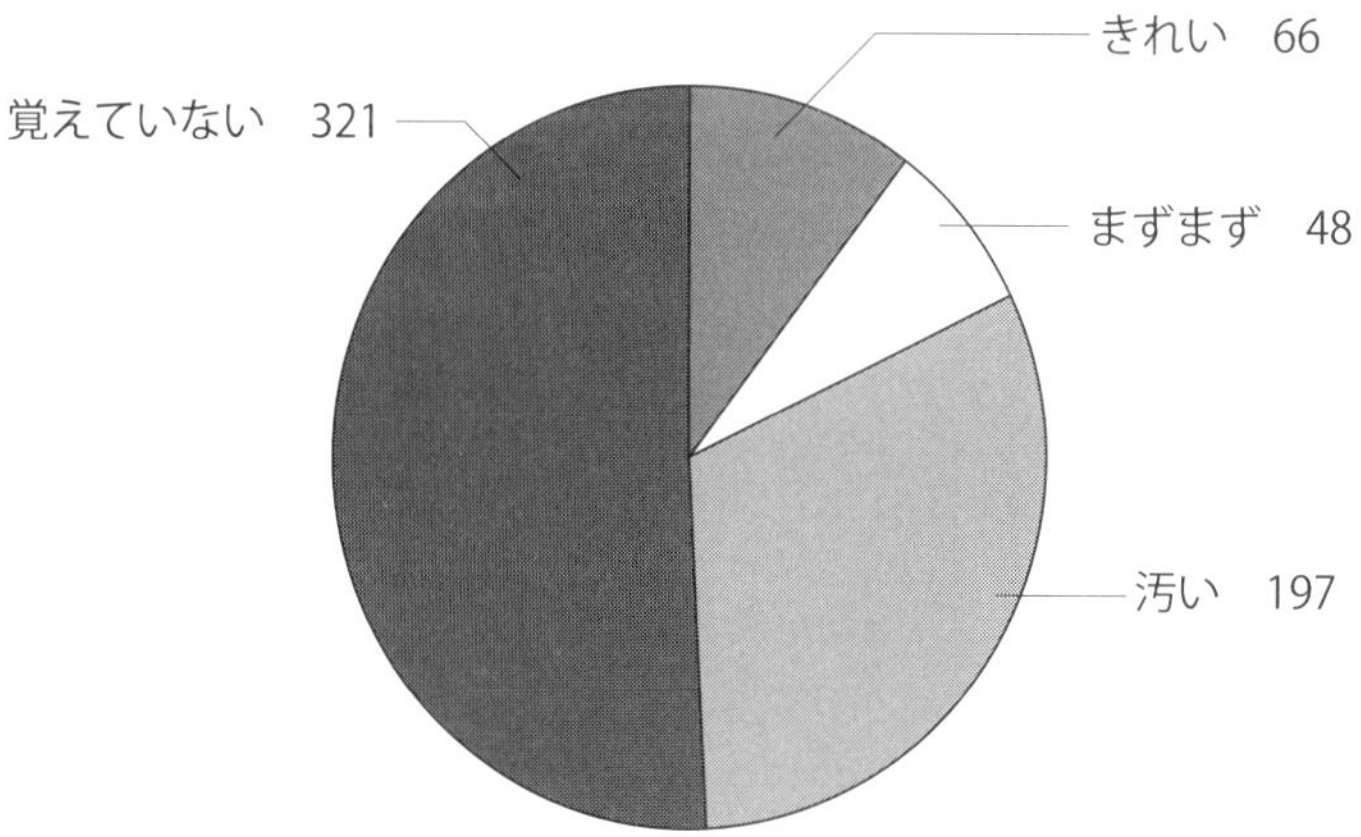

一般社団法人エコ食品健究会調べ

トイレに限らず、お店の5Sが保たれていればお客様の来店が増える、という保証はありません。しかしながら、5Sが充足していれば、お客様に好感を持っていただけそうだということは、これらの円グラフから読み取れそうです。

やはり、不潔で乱雑な空間で食事するよりも、整理・整頓・清掃が行き届いた空間で食事をしたい、と多くのお客様が考えているのでしょう。

店がきれいであれば、5Sを実践していることをお客様に証明している、ということにつながります。そしてその証明は、お店が開店時間を迎える前にも、店主やスタッフが一所懸命に仕事をしている、という証にもなります。店主やスタッフが一所懸命に行動をしない限り、5Sは保たれないからです。

お客様は知らず知らずのうちに、店側の背景を見透かしていると考えておくことが大切なのではないでしょうか。

5 成長するためには応援される店づくりが大切

成長するお店になるためには、応援される店づくりが大切だ、ということが少しずつでも伝わっているでしょうか。

2章の最後に面白い調査結果をご紹介して、3章に進みたいと思います。

まずは私が行きつけの「阪神ファンが集まるお店」です。ここの店主にお願いして、店主が自店を応援してくださっていると思うお客様62人にアンケートをし、来店動機を調査して集計しました（次ページ表）。

お客様がこのお店に来店するのは「阪神ファンである店主を応援したいから」が最大の理由であることがわかります。意外なことに「阪神の試合を放映しているから」という「空間づくり」の理由を圧倒的に超えています。

また都内にある、隠れ家的な喫茶店「スペル」も興味深い調査結果を持っています。ここは店主がまだ無名の写真家や芸術家等を応援するために、店内での展示を無料開放しているお店です。

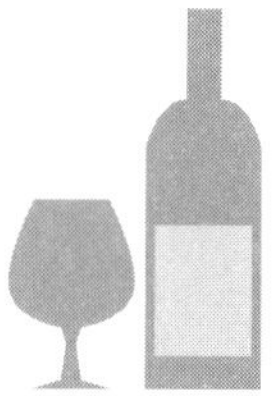

応援客 62 人の来店動機（複数回答）

阪神ファンの店主だから	62
阪神の試合を放映しているから	13
阪神談義ができるから（顧客間）	16
阪神談義ができるから（店主と）	33
その他	31

一般社団法人エコ食品健究会調べ

先日、私が訪れたときにも花をテーマにした写真家の展示をしており、この展示の無料開放はすでに半年先まで予約が1週間単位で埋まっているとのことでした。

このお店の来店客層は大きく2つに分かれています。ひとつは展示してある写真家を応援する人たち、もうひとつは、写真家を応援する店主の考え方を応援する人たちです。

まさに応援が応援を誘発する店づくりをしているのです。

この両店の経営状況はとてもよく、その数字を分解して見ていくと、その特徴は次の2つに集約できます。

・毎月来店客数が少しずつではあるが伸びている
・毎月客単価が少しずつではあるが伸びている

実はこの特徴はこの2店にとどまりません。私がコンサルタントとしてお手伝いをした多くのお店で、同様のことが現実に起こっています。

この点についてポイントを1点だけ申し上げますと、**応援し**

てくれるお客様がある一定の構成比に到達してはじめて、この特徴が表われてくる、ということです。このことは後の7章－5で説明していきます。

このように、応援してくれるお客様が多いお店は成長傾向を示します。まさに応援してくれるお客様が、成長に欠かせない原動力になっているのです。

また、働いてくれているスタッフの人たちからも応援されていなければ、お店の繁栄はあり得ません。

先に書いたように、スタッフに店主を信頼する気持ちが醸成されているならばきっと、たくさんのうれしいお節介や気遣いが、店主に対しても、来店されるお客様に対しても実践されていくことでしょう。

3章

「応援されて」来店され、購買されることが大切であることを知る

1 固定客という概念を捨てる

唐突ですが、マザーテレサをご存じでしょうか。カトリック教会の修道女であり、修道会「神の愛の宣教者会」の創立者です。彼女は、貧しい人々が決して悲観した人生を送ることがないよう、元気づける言動を世界に向けて発信してきた方です。これらの活動は、後進の修道女たちの模範となり、１９７９年のノーベル平和賞など、数多くの賞を受けました。その彼女が多くの人に説いた有名な言葉が次の言葉です。

思考に気をつけなさい、それはいつか言葉になるから。
言葉に気をつけなさい、それはいつか行動になるから。
行動に気をつけなさい、それはいつか習慣になるから。
習慣に気をつけなさい、それはいつか性格になるから。
性格に気をつけなさい、それはいつか運命になるから。

この言葉は、飲食店の店主がお客様に相対するときにも、心に抱いておいていただきたいと思います。

個人の飲食店や中小食品企業を支援していると、よく耳にする言葉として、「固定客」というものがあります。「固定客の獲得が大切なのですよね……」「固定客がいないから経営が苦しいんです……」というように使われています。しかし、固定客という言葉を乱発する飲食店に限って、固定客がおらず閑古鳥が鳴いています。

一般的に固定客は「商品やサービスなどを定期的・長期的に購入してくれるお客様」と理解されています。確かにそういったお客様は、お店にとって非常にありがたい存在です。しかし、あなたに行きつけのお店があったとして、店主があなたを別のお客様に「固定客の○○さんです」と紹介したら、どのような感情が湧きますか？

私は非常に嫌悪感が湧くと思います。来店してくれて、購買してくれて当たり前と思っているのでは？　とすら感じます。せめて「いつもお店に顔を出してくれている○○さんです」と紹介されたいものです。

店主やスタッフが「来店してくれて、購買してくれて当たり前」と思っていると、必ず態度に表われます。そうするとお客様には、「なんだかな……」という納得しない感情が少なからず芽生えてしまいます。マザーテレサの言葉を借りると、まさに思考が言葉に、言葉が行動になり、お客様に伝わってしまっているのです。

私は支援先で常々、固定客という言葉の「固定」という思考を否定しています。この言葉を頭の中に置いて仕事をしていると、「当たり前」という感情や態度を生み出してしまうことが多いからです。

これだけ巷に飲食店や食品があふれ、コモディティー化がますます進展している時代です。魅力的なお店も数多くあります。お客様が来店し続けてくれて、購買してくれる保証はないのです。

コモディティー化とは、競合する飲食店や食品同士の差別化特性、つまり機能、品質、ブランド力などが失われ、価格や買いやすさだけを理由に選択が行なわれる状態を指します。要するに現代は、機能や品質面で大差のない飲食店や食品が多く流通し、消費者にとっては「どのお店でも食品でも同じ」状態になっているのです。

そこで、推奨したい言葉があります。それが**応援客**という言葉です。先ほどのセリフの「固定客」を「応援客」に変えてみましょう。

「応援客の獲得が大切なのですよね」「応援客がいないから経営が苦しいんです」

固定という言葉では、店側からのお客様への働きかけが、すべての鍵を握っている印象です。特別な料理を用意し、接待し、常連さんになってもらうという感じでしょうか。

しかしながら、応援という言葉になるとニュアンスが異なります。店側がどれだけ特別な料理を用意し、接待しても応援されるわけではありません。RFM分析に代表されるような一般的な固定客獲得策では、応援される立場にはなれないのです。

RFM分析とは、顧客の購買行動を「最終購買日（Recency）」「購買（来店）頻度（Frequency）」と「累計購買金額（Monetary）」の3つの指標から分類し、顧客の選別と格づけを行なうことです。例えば来店頻度の高いお客様を優良顧客として選別して、これらのお客様には割引価格で料理を提供する、などの行為になります。つまり、**「店側だけの視点」で顧客を選別する方法**です。

応援されるためには、店主や店側のみでなく、**お客様との関係性が鍵を握ります**。固定という言葉を応援という言葉に変えると、「来店してくれて当たり前」という思考から、「わざわざ来店してくれて助かっている」という思考に変わります。わざわざ来店してくださっているという思考からは、無愛想な言葉や態度は絶対に生まれません。

固定客と思っていたときには「まいど！」「いらっしゃいませ！」程度だったコミュニケーションが、応援客と思うだけで「いつも、ありがとうね！」「暑かったでしょう！」という親近感の湧く言葉に変わるものなのです。

2 「応援購買」とは

応援客という言葉を、ここで改めて定義しておきたいと思います。

応援とは「ちからを貸して助ける」という意味です。したがって応援客とは**「自店の経営にちからを貸して助けてくれるお客様」**と言えます。

ちからを貸してくれる際には、口が出たり、行動で示されることも度々あります。応援してくださるお客様は、何かとお節介なことが多いからです。口を出すとは、例えば「あそこのお客様、オーダーまだだよ！」「もう少しきれいにコップ洗いなよ！」というような言葉です。

このような言葉を、「忙しいのにうるさい」「クレームをつけられた」と受け取ってしまうのは大間違いです。本格的なクレームは別として、口に出して注意してくれるのは、期待してくれていることの表われです。つまり注意してくれるお客様は、応援客になる見込みのあるお客様なのです。

「ずっと呼んでいる人がいるのに、オーダーを取りに行かないな」「コップが汚いな」と

感じても、普通のお客様は黙って「もう二度と来ない」と思うだけでしょう。

また、行動で示されるということは、例えばお客様が「できあがった料理をお客様のところに率先して運ぶ」「注文で悩んでいる隣席のお客様に、自分のお気に入りの料理をすすめる」ような場面です。

これらは店主が気づかなかったり、手が回らないところをフォローしてくれる行為です。文字通り「かゆいところに手が届く」を実践してくれる行為でもあります。

店主にとって、これらのことをしてくれるお客様は、まさしく「ちからを貸して」くれているお客様なのです。

私は**「自店の経営がうまくいくように（ちからを貸して）来店して、購買（飲食）してくれる」**行為を「応援購買」と呼んでいます。こちらもそのままの言葉の意味で理解いただければいいと思います。

実は、このうまくいくように「ちからを貸して」という視点は非常に大切です。応援客は店主を困らせることを嫌います。困らせないように配慮してくれたり、困っていることに対して率先して関わってくれるのです。

具体的には、

- お店が忙しい時間や曜日ではなく、お店が暇な時間や曜日をわざわざ選んで来店し、飲食してくれる
- 新メニューを率先して（試食的な気持ちで）注文して食べてくれる

などのシーンをイメージしてください。

つまり応援購買とは、あなたのお店の経営をうまくいかせることを目的とした、**お客様の意図的な購買行動**なのです。

3 応援されると来店頻度が上がる

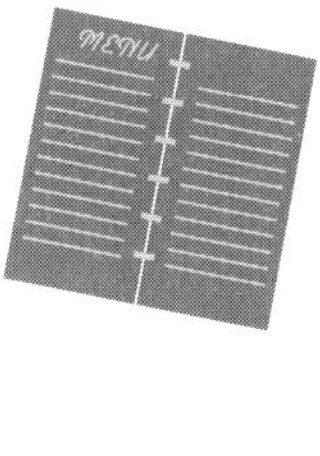

ここまで読み進めてきて、「応援されると来店頻度が上がる」ということはご理解いただけたと思います。そもそも、来店する動機として、「応援したい！」が重要なファクターなのですから、これは当然のことと言えます。

そこで、ここではもう一歩踏み込んだ視点を紹介しておこうと思います。固定客と応援客の来店頻度の背景にあるマインド（思考）の相違です。固定客より応援客のほうが、圧倒的に来店する確率が高くなるのです。

66ページの表は、大阪にある喫茶店「ドウ」で固定客がどのような理由でこのお店に来店したのかを整理したものです（社団調べ）。

「固定客」と自ら名乗り出た人は「お茶をしよう！（コーヒーを飲みたい！）」という気持ちになったときなどに、お店に足を運んでいます。

一方、67ページの表は店主が応援客（応援してくださっていると思えるお客様）だと感

「固定客」に聞いた来店理由

理　由	このお店を選んだポイント
コーヒーを飲みたい	このお店のホット／アイスコーヒーが好き コーヒーの香りがいい
休憩したい	落ちついた空間 時間が空いた 座り心地のいいイス
友だちとおしゃべりしたい	居心地がいい 長居しやすい
モーニングセットが食べたい	量が多い 割安感がある
暇つぶしに	落ちついた空間 居心地がいい 友だちとしゃべるため
ミックスジュースが飲みたい	丸ごとしぼったジュースが好き しぼりたてジュースが好き 体にいい
ケーキが食べたい	フルーツがたくさん乗ったケーキが好き 甘すぎないケーキが好き
知り合いがいるかもしれない	長居しやすい 暇つぶしにちょうどいい
読書がしたい	長居しやすい 落ちついた空間

一般社団法人エコ食品健究会調べ

「応援客」に聞いた来店理由

理　由	このお店を選んだポイント
コーヒーを飲みたい	このお店のホット／アイスコーヒーが好き コーヒーの香りがいい
休憩したい	落ちついた空間 時間が空いた 座り心地のいいイス
友だちとおしゃべりしたい	居心地がいい 長居しやすい
モーニングセットが食べたい	量が多い 割安感がある
ミックスジュースが飲みたい	丸ごとしぼったジュースが好き しぼりたてジュースが好き 体にいい
ケーキが食べたい	フルーツがたくさん乗ったケーキが好き 甘すぎないケーキが好き
読書がしたい	長居しやすい 落ちついた空間
店主と会話がしたい	店主と話すと元気になる 店主と話すと盛り上がる 店主と話すと楽しい
店主の顔が見たい	店主が愉快 放っておけない雰囲気 顔を見ると安心する 顔を見ると元気になる
店主がどうしているか気になる	いつも頑張っているから 放っておけない雰囲気

一般社団法人エコ食品健究会調べ

じている人の、来店した理由です。

固定客のように、「お茶をしよう！（コーヒーを飲みたい！）」等の理由からお店選びをする点は同様かもしれませんが、別の理由でも、お店を選択していることがわかります。喫茶店ですから、来店の動機はお茶が飲みたいからだろう、と片づけてしまいそうですが、それ以外の動機があることに気づきます。それは、表にあるように、「顔を見たい」「どうしているかな、と思って」などのような理由です。

応援客は、お茶・コーヒーを飲みたいときにもこのお店を選びますが、このような「応援したい」という別の理由でも、わざわざ足を運ぶことがあるのです。

つまり、固定客の来店頻度は「お茶したい頻度」で、応援客の来店頻度は「固定客の来店頻度＋店主の顔を見たい、どうしてるのかな、と思う頻度」なので、応援客の来店頻度は固定客の来店頻度より高くなる可能性が大きいのです。

4 応援されると客単価が上がり、紹介で新規客も増える

店主やスタッフがおススメしたメニューを快く注文してくれ、かつ配膳されるタイミングに注文をつけないお客様が多い場合は、応援されていると言えます。応援客が多いと、**自ずとこちらの意図通りに客単価を上げることが可能で**、そうなると全体としての客単価も必ず上がります。

次ページ上のグラフは、「酒処らーく」という居酒屋の店主が「応援してくれているお客様」だと思っている人たちの1週間の累計の注文点数と、そうでないお客様の累計の注文点数です（社団調べ）。

歴然たる差があることに驚かれると思います。ぜひ一度、皆さんのお店でも点数をカウントしてみてください。

客単価とは単価×買上点数です。なので買上点数が上がるということは、客単価が上がるということなのです。

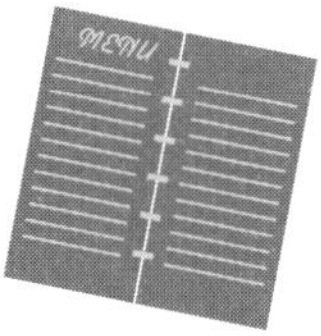

1週間の累計注文点数

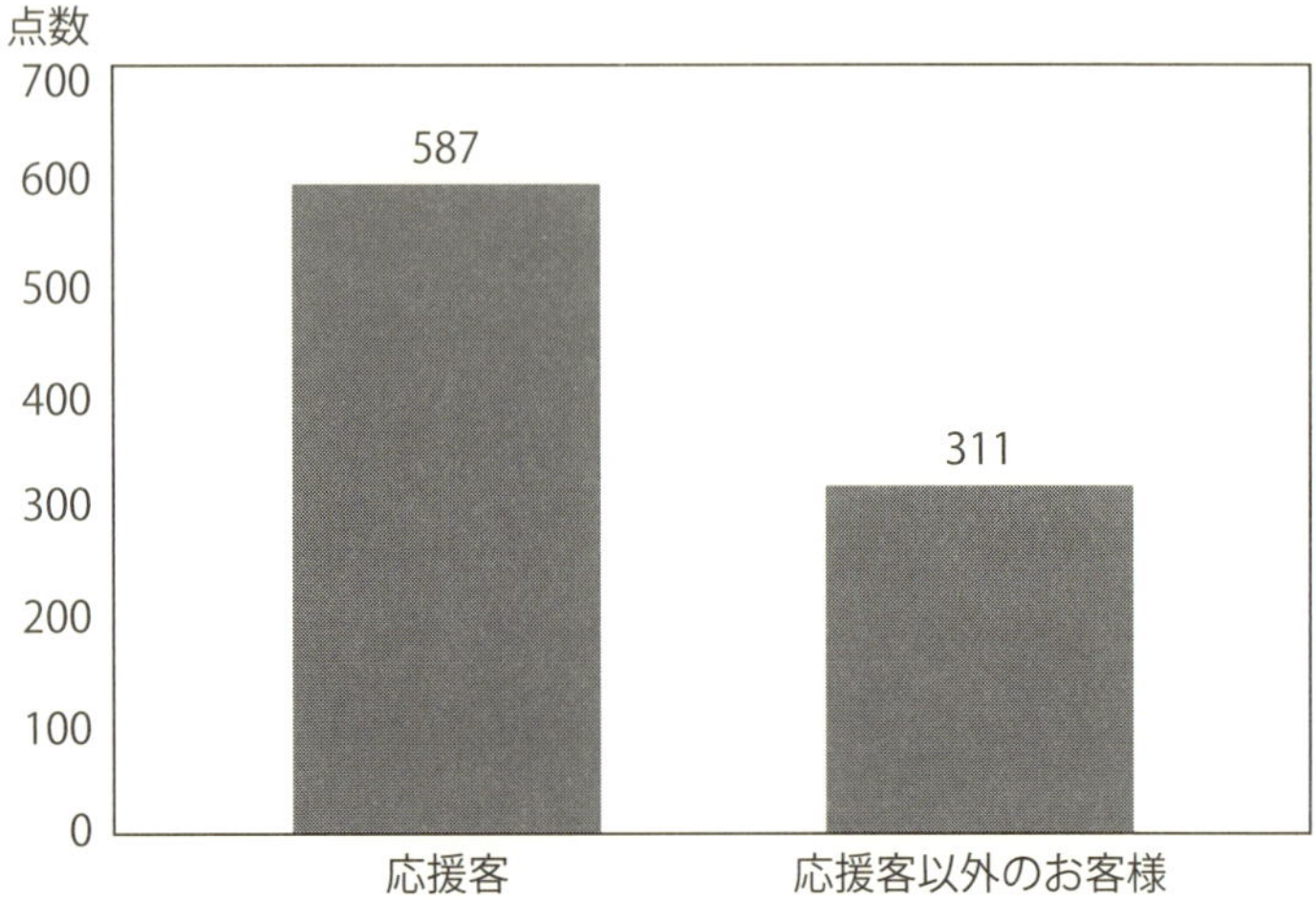

紹介客の再来店率

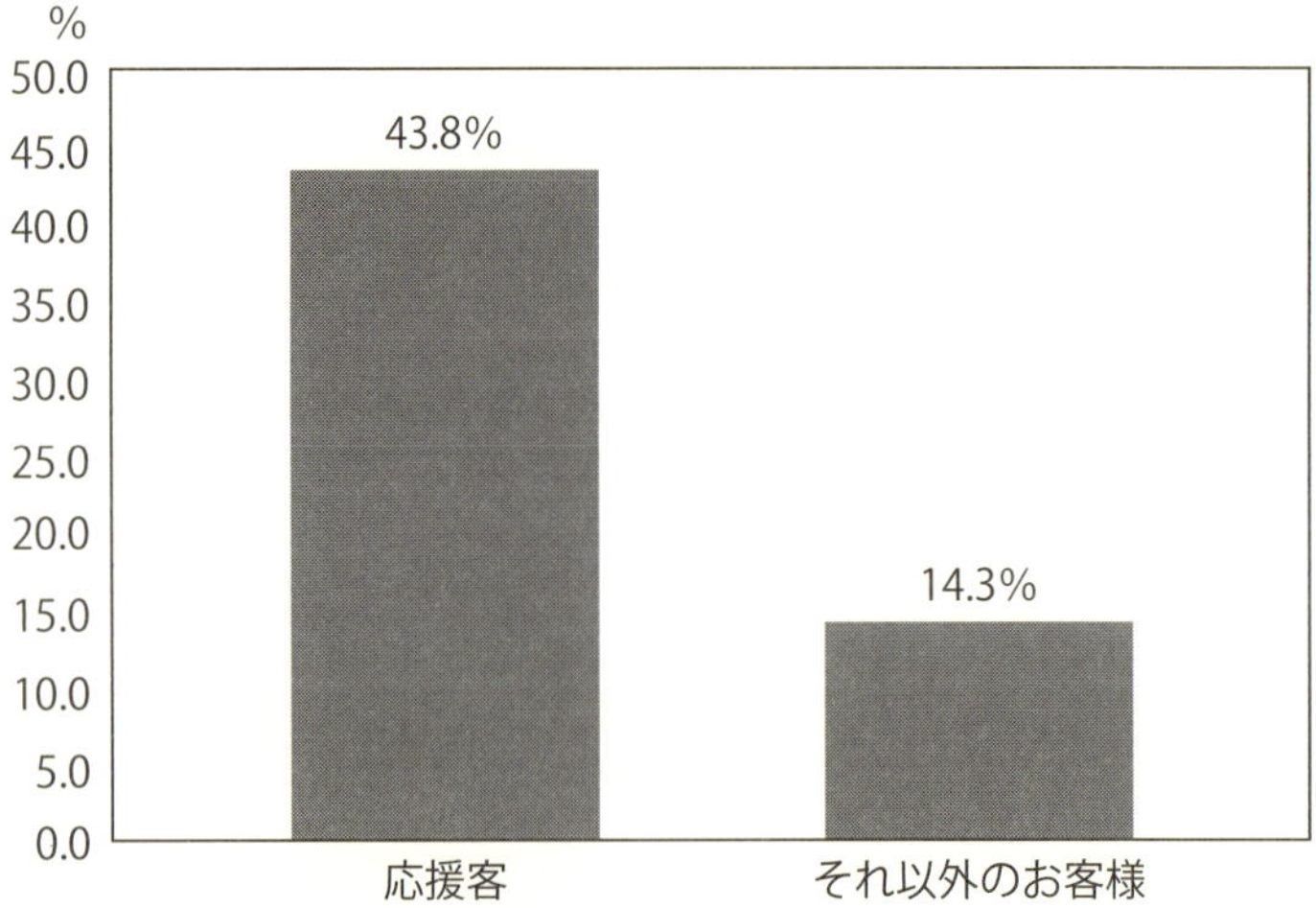

いずれも一般社団法人エコ食品健究会調べ

また、応援されるようになると、必ず新規客が増えます。このことは読者の皆さんも感覚で理解していただけるのではないでしょうか。

お店に友人や知人、接待先を連れてくるときには、おおむね次のような理由があると言われています。

- 料理がおいしいから
- お店の雰囲気がいいから
- 友人や知人、接待先の好みに合いそうだから

確かにこうした理由は間違いないでしょう。ただ、思い出していただきたいのは、2章—3で紹介した動機です。つまり、「応援したいから」という大きな理由があるのです。

お店に友人や知人、接待先を連れてくる理由の背景を考えていくと、理解できます。

- 料理がおいしいから→友人や知人、接待先に食べてもらいたい
- お店の雰囲気がいいから→友人や知人、接待先にも雰囲気を感じてもらいたい
- 友人や知人、接待先の好みに合いそうだから→友人や知人、接待先に紹介したい

つまり、お店に紹介者を連れてくる理由は、その方に「共感」してほしいからなのです。

先ほども書きましたが応援客は、決してお店の足を引っ張りません。お店の経営に貢献するための行動を選びます。

したがって、紹介する以上、確実に「共感」してもらえる人を厳選して連れてくるものです。厳選して連れてこられた方は、決して一見客にはなりません。自らの足で再来店してくださることが多いのです。

70ページ下のグラフは、大阪市内の「酒心」という居酒屋で、「経営者が応援してくれていると感じるお客様」と「それ以外のお客様」が２０１３年10月に連れてきた紹介客が、３ヶ月以内に再来店された比率を比べた結果です。

ここからも「応援してくれていると感じるお客様」の紹介客のほうが再来店率が高いことがわかります。

4章 お客様に応援される飲食店 7つの法則
ちからを貸したいと思わせる

STEP 1

「一所懸命」な姿を惜しみなく見せる

応援したい！　のスイッチを押すのは店長の一所懸命な姿

ここからは、応援される店づくりを進めていくにあたって、押えておきたいポイントを順にご紹介していきます。

まずは、お客様に「お店の経営にちからを貸したい！」と思っていただくには、どうすればいいのかのステップです。

最初のステップは、最も簡単で最も難しい課題です。

まずは、読者の皆さんに次の質問をしたいと思います。あなたなら、どちらの飲食店を応援したいか（選びたいか）を考えてみてください。

A：ほどほどに頑張っている飲食店

B：一所懸命に頑張っている飲食店

私なら迷わず、Bの一所懸命に頑張っている飲食店を選びます。AとBの違いはたったの4文字、「ほどほど」か「一所懸命」かだけです。しかし、多くの人が私と同じBを応援したいと思ったことでしょう。

人間は心の中に何か（誰か）を「応援したい」というスイッチを誰もが持っています。しかし残念ながら、そのスイッチを「応援するぞ！」と自らの手で押すことはできないのです。何がなんでもAを応援すると心に決めたところで、応援のスイッチは入りません。

先の章で説明しましたが、応援とは「ちからを貸して助ける」という意味です。残念ながら、ほどほどに頑張っている人を見て、「ちからを必要としているだろうから貸したい！」という心理にはなりません。それどころか反対に、「まだまだちからが残っているだろうから、貸す必要はない」と無意識に思ってしまうものなのです。

では、どのように「応援したい」スイッチが入るか、なのですが、それが先ほど皆さんに考えていただいた回答です。つまり、一所懸命に頑張っている姿が重要なのです。

「一所懸命」とは、もともと武士の間で用いられていた言葉です。一所（ひとところ）の領地で、死活に関わるほど重視した土地、という意味であったようです。文化庁のホームページをのぞいてみますと、「一ヶ所の所領を、命にかけて生活の頼みとすること」と書いてあります。

皆さんのお店を、この土地や所領だと考えてみてください。**死活に関わるほど重視したお店であると、心の底から言えますか？　お店に命をかけて生活の頼みにしていると、心の底から言えますか？**　あるいは、それだけ本気でがむしゃらに取り組んでいると言えるでしょうか？

「効率」よりも大切なこと

私は、支援先でお会いする方々の多くが、そうではない、と感じています。集客に困ると、安易に代理店に新聞の折り込みチラシをお願いしたり、割引クーポンをネット経由で配ったり、すぐにお金で解決しようとする（お金でノウハウを買う）傾向があります。

そして、こういった方は、往々にしてすぐにお金が底をつき、資金繰りに苦しむ傾向にあります。

私はそういった光景を見るたびにいつも、「もっと大切にしなくてはならないことがあるのに」と思ってしまいます。

お金を使って何か（集客など）を解決しようとする行為は、いわば投資ですから、投資した以上の見返りを期待します。言い換えると「効率」を追求する行為です。

しかし、**効率を追求する行為は「労せず楽する」行為ですから、一所懸命に頑張るということとは真逆の行為だと気づいてほしいのです。**

もちろん、効率のよさを否定しているわけではありません。ですが応援されている店主は、「時に効率よりも大切なことがある、ということに気づいている」と伝えたいのです。

まずは真摯に、一所懸命に取り組む姿勢を見せましょう。最初から「労せず成功しよう」という視点での、「効率をお金で買う行為」だけは避けてほしいのです。

一所懸命な姿とは、可能な限り、お金で効率を求めない行為です。

例えばチラシで考えると、代理店につくってもらって新聞に折り込み、3000世帯に届けるのが効率を追求する行為です。対して、自ら気持ちを込めてチラシを作成してプリントし、近隣に配って歩いたり、店前でそのチラシを手配りするのが一所懸命な行為です。

当然、後者の方法は時間も労力も掛かりますし、3000世帯には届けられないでしょう。しかし一般的に見て、どちらが一所懸命に頑張っているように見えるかは、一目瞭然だと思います。

無愛想な折り込みチラシでお店の情報を届けられるよりも、多少なりとも会話をし、手渡しで配られたほうが、一所懸命に頑張っている様子が近隣の方々に伝わります（もちろん手配りで届けられない分を折り込みチラシに入れる、ということを否定しているわけではありません）。

情熱の不足した店舗運営は、必ずお客様に伝わる

この肝心なSTEP1を「一所懸命」と説明してきましたが、「え？　そんなこと……」と思われている方がいらっしゃいましたら、注意が必要です。

場合によっては、あなたのお店に対する「情熱」を今一度見つめ直す時期にさしかかっているのかもしれません。

情熱の不足は「一所懸命」を阻害するからです。オープンしたての熱い志を今一度、思い出してみましょう。

力を抜いて、ほどほどに、日々の営業をこなすお店になってしまっているとしたら、今後、お客様のあなたのお店を応援したい、というスイッチが入ることは永遠にあり得ないことに気づいてほしいと思います。

そういう意味で、この「一所懸命」に共感できなかった飲食店の方々は、まだまだ余力があって、一所懸命に頑張っていないと言えるのではないでしょうか。

この当たり前すぎる最初のステップを軽んじていると、必ずお客様に見透かされてしまいます。先ほど、マザーテレサの言葉を紹介しましたが、思考は言葉に、言葉は必ず態度になってお客様に伝わるからです。

本当にがむしゃらに、お客様に喜んでいただけるように頑張っているか否かは、来店したお客様に容易に伝わってしまうものなのです。

ショットバーJAGZZ（仮称）の話

ひとつ事例を紹介しましょう。大阪の某所にあるＪＡＧＺＺというショットバーの事例です。このお店に私が最初に訪問したのは、６年前の10月下旬、風が冷たく感じはじめた季節でした。

カウンターが９席、テーブル席が15席の比較的小さなお店です。店が満席になることなどなく、誰もいない空間が目立つお店でした。

訪問した当初の店主は、お店を開店する時間もまちまちで、ホールの片隅の席に座ってボーッとテレビを見るのが日課だったそうです。

いつもそうなのですが、私はお店の支援に入るとき、まずは何も言わずにお客になりきって、お店の片隅で運営状況を観察します。

観察しているだけで、どのようなお客様が来店して、どんな会話をし、何を注文して、どれだけ滞在して……などの情報がわかるからです。

このショットバーでもいつも通り観察していると、店主は「客が来ない……来ない……」とぼやきながら、ボーッとテレビに見入っているだけです。そして週末の夜になると、常連さんと思われる方がパラパラと5～6人ほど入店してきて、1～2杯だけカクテルドリンクを楽しみ、店主とひと言も会話せずに店を出て行くのでした。

このお店は、言うなれば末期状態でした。家賃を払うこともままならず、店主は短期日払いの高額収入が得られるアルバイトに月に数日、出掛けているような状況だったのです。

さて、なぜこのやる気のない店主のお店を私が訪問し、支援することになったかというと、店主の知人に頼まれたからです。知人は業務用食材の卸をしている会社の役員で、私がその会社を支援して以来のお付き合いがありました。

知人はショットバーの店主と古くからの友人であるということ、そして食材をこのショットバーに卸しているということの両面から、私に相談をしてきました。しかもコンサルティング料金を払うのもこの役員の方、という契約だったのです。

最初は、何でそこまでしてこのショットバーを支援してほしい、と役員が言うのか、私にはまったく理解できませんでした。しかしその理由は支援して数ヶ月でわかりました（その理由は追ってお話しします）。

この店主（お店）は、とにかく暇そうでした。暇な時間は何をするでもなく、携帯電話をいじったり、漫画本を読んだり、テレビを見たり。お客様が来るまでの時間を「暇だ暇だ」と過ごしているだけでした。

ＪＲの駅も近いので、そんなに人通りが少ないわけでもなく、そこそこ往来がある立地です。ですから、店内から店の入り口を見ていると、お店の中をのぞいていく「見込み客」もちらほらいます。

けれど、ボーッとしている店主が目に入ると、入店する気になれないのか、結局、お客様は入ってきません。先ほど述べた、被災地の暇が暇を呼ぶお店と光景と同じです。

このどうしようもない、末期症状のショットバーを立て直す際にも私はまず、一所懸命の必要性を説きました。しかし、非常に大変だったのを覚えています。

なぜなら、この店主はすでに「情熱」を失っていたからです。そもそもなぜこのお店をオープンしたのか、このお店を通じて地域にどのような貢献がしたいか……、そんな初心をすべて失っていたのです。

前述しましたが、情熱の不足は一所懸命になることを阻害します。まずは情熱を取り戻してもらうところからのスタートでした。

さて、時間はかかりましたが、「一所懸命」の大切さを店主に理解していただくことはできました。まずは、お店に命をかけて、生活の頼みにするということです。家賃を払うことが厳しいから、アルバイトに出て稼いでくるというのではなく、このお店を通じて稼いで払うという覚悟を固めてもらったのです。

この覚悟をした店主は、見違えるほど働くようになりました。例えば、お客様がいない時間はメニュー表を書き換えたり、チラシを作成したり、チラシができると店頭に出て配ったり、などです。お客様がいる時間は、とにかくお客様と会話を交わすということを意識していたようです。

ここからわかることは、**意識が変われば言動も変わる**ということです。意識が変われば仕事を自ら見つけて、率先して動き出すものです。まさにマザーテレサの言う通りになっていました。

このがむしゃらな仕事ぶりの成果は驚くほど早く、支援を開始した年の12月下旬の頃、つまり2ヶ月ほどで目に見える形で表われ出しました。

毎週末に来ていたある常連さんが、知人を連れて平日にも来店してくださるようになりました。週末にいつもやってくる6～7人の別の常連さんたちも、これまでは1～2杯しか飲まなかったカクテルを、何杯も飲んでいかれます。酒の肴も、カクテルに比例して1人あたり2品は出ていくようになったと記憶しています。

さらにうれしいことに、これまでは中を覗いても入ってこなかった「見込み客」のお客様が、入店することも増えていったのです。

まさに一所懸命が、お客様に伝わって好感を持たれた結果でしょう。

「一所懸命」は目に見えなければ意味がない

ただここで、押さえておかなければならないポイントがあります。経営ですから、何でもかんでも一所懸命に取り組めばいい、というわけにはいきません。

優先順位をつけて取り組んでいくことが効果的です。つまり、せっかく頑張るわけですから、**一所懸命に頑張る姿は、結果的に、お客様に見えたほうがいい**ということです。

というよりも、見えなければ伝わらないのです。しかし、〝いかにも〟のように見せるとわざとらしく嫌味ですから、「結果的に」と言ったのです。いずれにせよ、お客様に伝わらなければ意味がないのです。

そこでご紹介したいのが、伝わりやすいことから頑張る、という取り組みです。具体的には次のようなものがありますので、試しに皆さんのお店でも取り組んでみてほしいと思います。経験上、驚くほどお客様に伝わるようになると思います。

●チラシは手書きで店主自ら作成する
●チラシは店頭で店主自ら配布する
●メニュー表や店内ＰＯＰには必ずひと言、店主からのメッセージやコメントを添える
●店内外で季節感を表現した飾りつけをなるべく自作で行なう
（例えば、先ほどのバーでは店頭には折り紙で飾りつけしたクリスマスツリーを置き、各席の前には画用紙でつくったミニクリスマスツリー飾りをしました）
●料理は市販品をそのまま出さず、必ずひと手間ふた手間かけて提供する
（先ほどのバーでは、市販品のポテトチップスを出すのをやめ、ジャガイモを薄くスライスして、お客様の目の前で油で揚げて提供するようにしました）
●近隣の競合店より早く開店し、遅く閉店する
（この事例の場合は、近隣のショットバーの開店と閉店時間を調べ、実施しました）

いかがでしょうか。これらの取り組みは、すべてお客様に視覚的に見える形での頑張りになります。このようなところからはじめれば、お客様に嫌味にとられることはないでしょう。

本書の冒頭で、被災地の飲食店の現状についてこのように書きました。

――閑古鳥が鳴いているお店は、遠目に目線をやり、店内を覗き、暇そうにボーッとしている店主を見て、「やっぱりやめとこう……」と思うようなのです――

しかし、仮に店内を覗いた際に、店主が一所懸命に店内の飾りつけをしていたり、店頭に出てチラシを配っていたりしていたならば、「頑張っているから試しに入ってみるか……」など、お客様の心に何らかの気持ちが生まれたかもしれません。

あなたは今、一所懸命に頑張っていると心の底から言えますか？ もしそうでないならば、まずは日々の店舗経営に全力を注ぐよう、精進しましょう。

合言葉は「まだできる！ まだやれる！」です。その頑張りを見た、あるいは伝わったお客様から順に、心の中にある「応援スイッチ」が入りはじめることでしょう。

STEP 2

「情報開示」と「情報発信」で信頼を勝ち取る

お客様の信頼を得るための2つの要素

「ちからを貸したい」と思わせる2つ目のステップは情報開示と情報発信です。近年、大手飲食・食品企業を中心に「企業の社会的責任（CSR）」という考えが浸透してきたように感じます。

企業は社会の構成要素のひとつであるとの概念から、適切な情報を適切なタイミングで開示、さらには発信し、説明責任を果たす役割があるという考え方です。

わかりやすい例で言えば、異物混入問題が挙げられます。もしそのような事態がわかった場合には、ただちに情報を開示し、必要に応じてお客様の目に届くよう情報を発信するのです。

では、個人で飲食店や食品事業を営まれている人は、このようなCSRの流れをどのように理解すればいいでしょうか。仮に何か問題のある物質が入っている飲食物を提供して

しまった場合、顔の見える相手には直接電話をしたり、保健所の指導を仰いだり、ということが考えられると思います。

しかし私は、CSRの「説明責任が大切ですよ」ということを本書で伝えたいわけではありません。この話を通じて、「もし異物混入の事実を開示または発信しないまま世間に発覚した場合、その飲食店や食品事業者は、どのようなイメージを社会や近隣商圏内の住民から持たれるか？」という視点を持っていただきたいのです。おそらく読者の皆さんは、そのようなことがあれば「信頼を大きく失う」と感じると思います。

しかしその情報を包み隠さずに発信していたらきっと、「あのお店は信頼していいお店だ」と近隣のお客様から思われることでしょう。

そうです。私がここで言いたいのは、**情報を開示し発信することは、お客様の信頼感を醸成するために、必ず押さえておきたい視点**である、ということです。私は常々クライアントや支援先に「情報を開示し発信することは、お客様の信頼を勝ち取る最大のチャンスです！」と話しています。

知らせたい情報と知らせたくない情報

飲食店の経営者が扱う情報には、大きく2つあります。ひとつは「積極的に開示したいこと」、もうひとつは「できることなら言いたくない（積極的に開示したくない）こと」です。それぞれどのようなものがあるかと言うと、例えば次のようなことです。

- 積極的に開示したいこと：無農薬野菜を使っています
- できるなら言いたくないこと：農薬を使った野菜を使っています

ここで農薬使用の是非について言うつもりはありません。言いたいことは、「飲食店や食品を扱う事業をするものとして正直か否か」ということです。

たとえ農薬を使った野菜を使っていても、お客様に問われた際にウソ偽りなく伝えることができるかどうかが、大切なのです。

通常、開示したくない情報を躊躇なくお客様にオープンにできるということは、「ウソをつかない、信頼していい人だ！」という気持ちをお客様に醸成します。そしてその信頼は、**「応援してもいい」という気持ちを加速させる**ちからを宿しています。

声高に言いたい情報は当然として、**言いたくない情報に価値がある**のです。店づくりを進めていくうえでこの価値は、来店いただくお客様の心の中に**「信頼」**という感覚を醸成し、**応援するに値する店だという気持ちを芽生えさせる**ものなのです。

先ほどのJAGZZというショットバーには、とても声高には言いたくない情報がいくつかありました。そのひとつが、店主にお酒の知識があまりないということです。カクテルの名称の由来、ワインの産地や味わいなど、ショットバーの店主なら当然知っているだろう、という知識です。

当初、店主は何でも知っているように無理して振舞っていました。そのため、とてもお客様への応対が苦しそうだったのを覚えています。私も支援に入ってからお店の片隅で店主とお客様とのやり取りを聞いているわけですが、こちらが冷や冷やするほど、その内容は間違っていました。

さてこの店主、私が指導に入るまでは本を読んで得た浅い知識で、お客様にウンチクを垂れていたわけです。そこで、その勉強している本を店内のカウンターの脇にすべて堂々と並べてもらうことにしました。

そうするとどうでしょう。お客様がその本を手に取って読むようになりました。お客様は当然、店主がこれらの本を読んでいることを知ることになります。

そして店主には「無理をしないように」と話してありましたので、「実は僕はお酒に詳しくないです。これらの本で勉強しています」と、お客様との会話で率直に話すようになっていったのです。

お客様は一般的に、飲食店に「期待」という幻想を抱くものです。例えば魚を売りにしているお店なら「産地直送であるべきだ！」「鮮度抜群であるべきだ！」、カレー専門店であれば「カレーはスパイスからつくるべきだ！」、野菜を売りにしているお店であれば「仕入れ先は契約栽培農家であるべきだ！」「有機野菜であるべきだ！」等々です。

お客様の心理として、家庭で食べられるレベルのものを外食に求めていないからです。せっかくお金を払うのだから、相応にこだわっている食材を使った、プロの料理であってほしいと思うのは、当然のことかもしれません。

実際は、例えばカレー専門店でも、大手メーカーの市販のルウを使ってつくっていることも珍しくありません。お客様からすると認めたくない事実でしょうが、現実は異なります。

往々にして、このように「お客様の期待」と「飲食店の現実」には乖離が生じてしまうものなのです。飲食店側としては、お客様のそうした期待は痛いほどわかっているわけですから、ほとほと困ってしまいます。その困った事実こそが、お客様に言いたくない情報そのものなのです。

昨今の食品偽装の問題のほとんどが、この「言いたくない情報」を隠すことに起因しているのではないか、と私は思っています。例えば有名産地の牛肉を使っていないのに、使っていますと書いてしまうのは、お客様の「有名産地の牛肉を使っていてほしい」という期待に対応したいがための行為だと思います。もし発覚してしまうと大きく信頼を失うにもかかわらず、です。

ですから、私はウソ偽りなく正直に開示することをおススメしているのです。

ＪＡＧＺＺはショットバーですから、お客様は「店主は当然、お酒について深い知識を持っている」と決めつけて関わってくるわけです。その期待に応えられるだけの知識があれば、お客様の心に満足を芽生えさせることにつながるわけですが、そうでないならば、いずれボロが出てお客様を失望させてしまいます。ですから店主には「無理をしないで！」と指導したのです。

「無理をしない」ことにした結果は、非常に面白いものでした。お客様はその正直な店主を信頼し、ますます魅かれたようです。厳選したお酒に関する書籍を店主にプレゼントしたり、調べてきたことを店主に教えたり、というお客様も増えていきました。まさにお客様の信頼が芽生え、「ちからを貸したい！」と思うようになっていった現われなのです。

「言いたくない情報」を店の信頼につなげる

次に、情報開示と情報発信の使い分けを説明しておきましょう。情報開示とは、先ほどのショットバーの事例では、「勉強している本を店内のカウンターの脇に堂々とすべて並べる」という行為そのものを指します。そして情報発信とは、店主がお客様に堂々と「私はお酒について詳しくないよ、この本で勉強しているよ、と伝える」行為を指します。

一般的に声高に言いたくない情報は、この「開示と発信をセットにする」ことで威力を発揮します。開示するだけではお客様は気づかない可能性がありますから、発信する（伝える）必要があるわけです。

反対に、「お酒の勉強をしています」と発信だけしても根拠がわかりにくいことがありますから、お客様の視覚に訴えるために、根拠を見えるところに掲示するわけです。

これらのことを念頭に、皆さんのお店でも「声高には言いたくないけれど、お客様の信頼を勝ち取れそうなこと」を探してみてください。

その際の参考になるよう、一般的に「言いたくない情報」と考えられていることをリストアップしておきます。これは、一般的にお客様からの期待が高いにもかかわらず、飲食店側が対応できていない（強みにしていない）ことが多い視点です。

- 食材の産地
- 食品添加物や農薬等の使用履歴情報
- 調理技術や自店経営に至るまでの飲食や調理経験
- 店主の学歴や家族構成
- 飲料水の出所（水道、浄水器なし等々）
- 調味料の仕入先や銘柄情報

最後にもう1点、押さえておきたいことがあります。それはSTEP1の「一所懸命」とのつながりです。

日々、一所懸命に精進して頑張っていると必ず、たくさんの「気づき」や「面白エピソード」に出くわします。

「こうやって工夫したら、おいしい味つけになった！」

「こうやって手間をかけたら、こんなにお客様に喜んでいただけた！」

「こんなに頑張ったのに、宴会のお客様が予約日を勘違いしていた……」

などなど。

これらの情報をブログやSNSで発信したり、来店いただいたお客様との会話の中で発信すると、すでに応援スイッチが入りかけているお客様の「ちからを貸して助けてあげたい」気持ちを高める効果があるようです。

なぜなら、これらは一所懸命に頑張っているからこそ生まれた情報なので、次のステップの「共感」に結びつくのです。

ぜひ、日々の「気づき」や「エピソード」もどんどん発信していきましょう。

STEP 3 「共感」できるポイントを発見し、お店で演出する

共感を得るために「発信」する

ステップの3つ目は「共感」です。ＳＴＥＰ1、2とこのＳＴＥＰ3を経て、お客様の心の中に「ちからを貸したい！」という応援マインドが醸成されるのです。

「共感」は一般的に「他人の意見や感情などに、その通り！　と感じること」だと理解されています。つまり、店主の立場で言うと、店主の意見や表現した感情に対し、お客様に「その通り！」と、感じていただかなければならない、ということです。

では、その共感を得るためのネタはどう見つけていけばいいのでしょうか。実は、それはすでにＳＴＥＰ1、2で確認済みです。

「その通り！」と感じていただくためには、**意見や感情を情報としてお客様に発信していかなければなりません。**

例えば日々、一所懸命に頑張っている中で「こんなに頑張って準備したのに、宴会のお

客様が予約日を勘違いしていた……」という事態が起こったとしましょう。

お客様はこの「……」の部分に共感します。予約日を間違っていたという事実に共感するわけではなく、「せっかく準備したのに、予約日が違っていたのならこの料理、どうしよう……」という店主の困った気持ちに共感するわけです。

ブログやSNSでの発信でしたら、顔文字や絵文字が豊富にありますから、「困った」ことをより豊かに表現できます。


先ほどから登場しているショットバーJAGZZで実際にあった、「忘年会の予約日を間違えた」という話を紹介しましょう。

ある常連のお客様から、「忘年会の2次会に貸し切りでお店を使いたい」という申込みがありました。「日にちは12月21日、2次会なので食事よりも酒の肴を1人あたり500円分と、カクテルドリンク2000円の飲み放題」という条件でした。常連さんからのはじめての大型予約でしたので、店主は喜んで引き受けました。

しかし当日、どれだけ待ってもお客様がやってきません。予約したご本人にも連絡がつかない始末です。

24時にやっと連絡がつき、常連さんと話して唖然としたそうです。予約は12月27日の間違いでした。常連さんは「にじゅうしちにち（27日）」と言ったと言うのですが、店主は「にじゅういちにち（21日）」と間違って聞き取ってしまっていたのです。

お酒はそのまま栓を開けずに置いておき、27日にまた使えば大丈夫です。

しかし酒の肴が大失敗でした。ミックスナッツ等の乾きモノにすればよかったのですが、どういうわけかサバの塩焼きを出そうと、サバをたくさん仕入れてしまっていたのです。仕入先の食品スーパーで特売を実施していたから思わず買ってしまったのだそうで、これは仕方ありません。

実はこの後、応援される仕組みのパワーを思い知らされる展開が起こります。

当時店主はブログを書いていました。この日の記事をチェックした常連さんがその夜、遅い時間にもかかわらず立て続けに来店したのです。私は客のふりをして、カウンターの端に座って飲んでいましたから、その光景を鮮明に覚えています。

入ってきたお客様は口々に「サバ！」と言います。ギャグで「ご飯と味噌汁ある？」と盛り上がる店内。このときの私は、本当にうれしくてうれしくて号泣しそうでしたから、店主はもっともっと、その何十倍もうれしかったことだろうと思います。

ブログ記事で発信した店主の「困った」に共感して、お客様の「ちからを貸したいと思う気持ち」にスイッチが入ったのだと推察できます。

次に、店内でのお客様とのコミュニケーションでは、どのように共感を誘発することができるのか、考えてみましょう。結局のところ、お客様に感情が伝わらなくてはなりませんから、その答えは**喜怒哀楽を惜しみなく表現する**ことにほかなりません。

うれしければ、うれしいジェスチャーや顔で表現し、楽しければ楽しいジャスチャーや顔で表現するわけです。

先ほどの話で言えば、店内にいるお客様にはストレートに「実は……で、サバの塩焼き余らせちゃって、もったいないから食べてくれない？」と伝えればいいのです。

ポイントは「ありのままの事象を説明し、困っていると明確に伝えること」です。喜怒哀楽を素直に表現するとご紹介しましたが、1点だけ注意が必要です。「怒る」という感情だけは抑えることをおススメします。「怒り」を表現したら、お客様は対処に困ってしまいます。応援客は店主やお店を困らせるようなことは絶対にしない存在ですから、店主やお店が、応援していただきたいお客様を困らせることだけは避けたいものです。

応援される店主はお客様を応援している！

最後に、もうひとつ押さえておきたい視点があります。3章－1で「固定」と「応援」

に触れた、そのニュアンスを思い出してください。

――固定という言葉では、店側からのお客様への働きかけが、すべての鍵を握っている印象です。特別な料理を用意し、接待し、常連さんになってもらうという感じでしょうか。しかしながら、応援という言葉になるとニュアンスが異なります。店側がどれだけ特別な料理を用意し、接待しても応援されるわけではありません。RFM分析に代表されるような一般的な固定客獲得策では、応援される立場にはなれないのです――

「固定客」を意識していては、おそらく「共感する」という境地にたどりつけません。それは一方的な働きかけだからです。「共に感じる」という域には達しないのです。

一方、応援はどうでしょうか。固定という概念に比べ、お客様の反応（言葉や仕草等々）に気持ちを寄せているので、「共に感じる」という境地にたどりつけそうな感じです。「応援」ならば、決して一方的な感情の押しつけにはならないからです。

そして、店主もお客様の発信する感情に共感してこそ、本物の共感だと言えます。それは「双方向」という言葉になるでしょうか。

そういう意味で、店主やスタッフとお客様との店内での会話は非常に大切なのです。会話の中で交わされた情報や感情を表わしたジェスチャーや表情から、お互いの共感が生まれる可能性が高いからです。

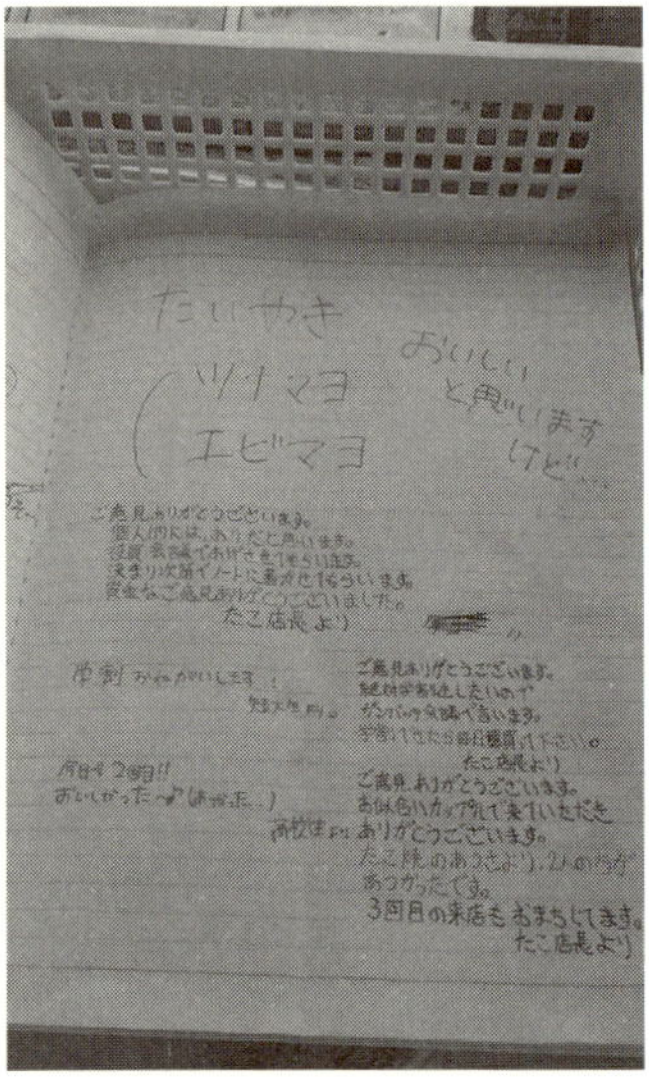

実際の寄せ書きノート

写真は山梨県にある、たい焼きやタコ焼きを提供するチェーン店に置いてある、お客様との寄せ書きノートの一部です。このお店での来店客との双方向のやり取りが理解できると思います。

この手の寄せ書きノートは、往々にして落書き帳になりそうなものですが、このチェーン店に置いてある寄せ書きノートはとても充実したものになっていて、参考になります。

店主がひとつひとつのコメントにきちんと返事をし、お客様とコミュニケーションを取ろうとしていることがわかるので、記入するお客様も落書きではなく、正直にお店へのコメントを書こう、と思うのでしょう。

5章

お客様に応援される飲食店　７つの法則
実際にちからを貸していただく

STEP 4

「普遍的顧客心理」を理解し表現する

当たり前すぎて気づかない、人の心理に訴えかける

ここからは、お客様に「お店の経営に実際にちからを貸していただく」ために何をすればいいかのステップです。このステップを経て実際の来店、さらには飲食や購買につながっていきます。

普遍的顧客心理とは、「誰もが普段は気に留めず、当たり前すぎて表面的には忘れているけれど、気づけばいつでも同感・共感できる心の動き」のことです。

誰もがいつでも心に秘め、当たり前に期待しているニーズとも説明できるでしょう。

「そうだよね」「確かに同感！」と、単純に共感できる、気づかされたときにすっと心から湧き出す感情のようなもの、それこそが「普遍的顧客心理」です。

いちばんのポイントは、誰もがいつでも共感する、ということです。

この心理とは単純明快に説明すると、次のようなことです。

- 生きている以上、いつも健康でありたい
- 生きていくうえで必要な自然環境は守りたい（自然破壊は嫌だな）

すなわち、健康配慮と環境配慮です。

例えば「都内を歩いていたら、ゴミが散乱した川に出くわした」というシーンでは、どのような感情が湧きますか？

ほとんどの人は「ゴミのない、きれいな川だといいな〜」と感じることでしょう。その感情こそがまさに「そうだよね」「確かに同感！」という気持ち、普遍的顧客心理というものです。

私も都内を歩いていて、川にゴミが散乱している状況によく出くわすのですが、普段はその光景を見ているようで、案外ちゃんと見ていないようです。

けれども、改めてその情景を説明されると、「確かに同感！」「あっ、そうだよね！」という感情が、自然に起こってくるのです。

これが普遍的顧客心理と呼べるものなのです。

マズローの欲求5段階説

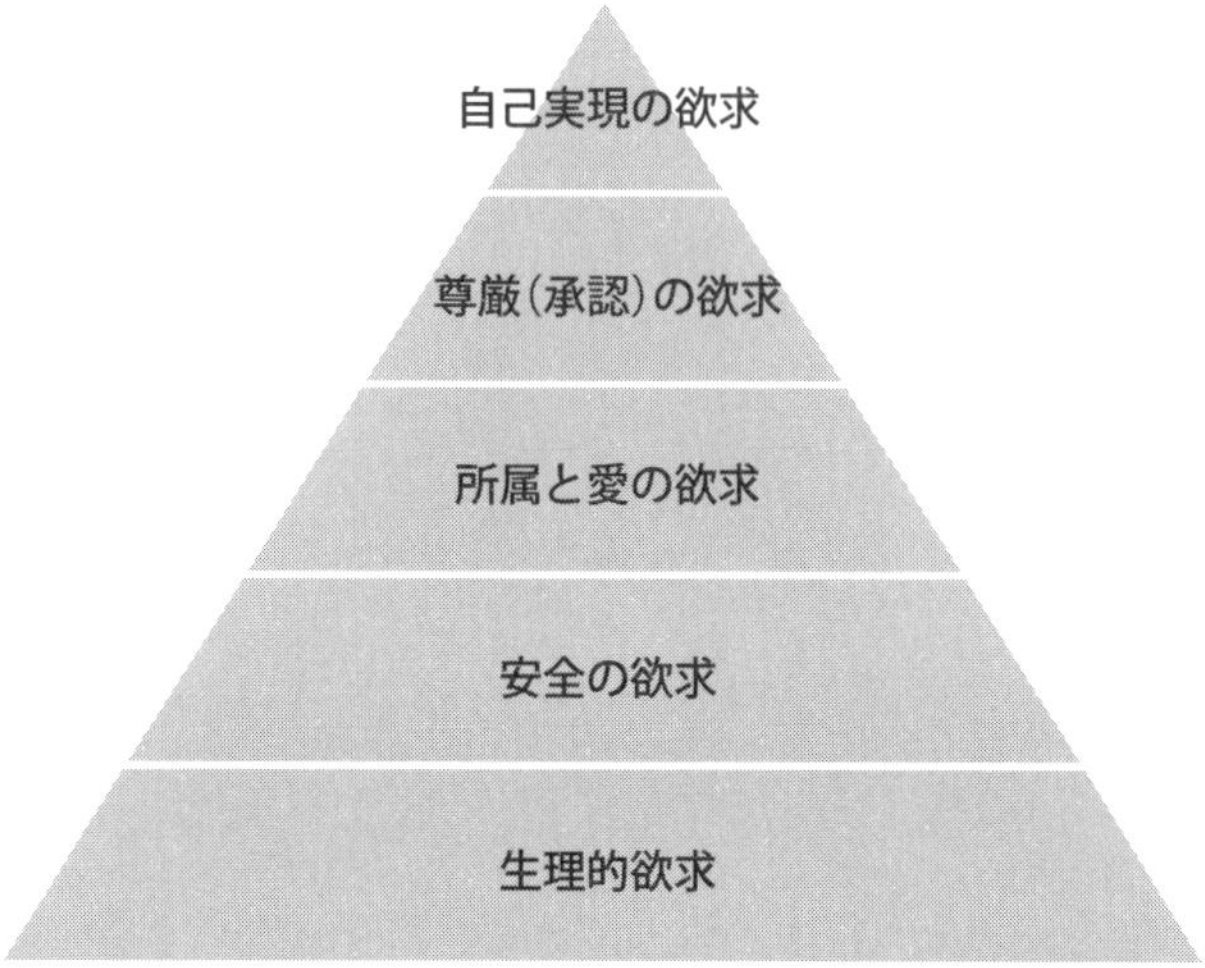

次に、「カレーをオーダーしたら、メロンのたくさん入ったカレーライスが出てきた……」という場面をイメージしてみてください。

どう思われますか？「面白そう！」「まずそう！」「なんでメロンなの？」などなど、人によって受け止め方は千差万別でしょう。

このような感情は誰もが「そうだよね」「確かに同感！」というものとは異なり、「普遍性」のないものです。

アメリカの心理学者であるアブラハム・ハロルド・マズローは人間の欲求を上図のように5つの段階に分けて説明しています。

●生理的欲求：人間が生きるために最低限

必要な、食事・睡眠・排泄などの本能的・根源的な欲求
●安全の欲求：生理的欲求が満たされたのちの安全、安定した生の状態を求めるもので、脅威や危険を回避したいという欲求
●所属と愛の欲求：生理的欲求と安全の欲求が満たされると現われる欲求で、自分が社会に必要とされている、孤独や追放から逃れて愛を感じていたいという欲求
●尊厳（承認）の欲求：自分が他者や集団から尊敬され認められたい、自分が他者よりも優れていると自覚したいという欲求
●自己実現の欲求：おのれの持つ能力や可能性を探索し、なりたい自分を見つけ出し、成し遂げたいと思う欲求

マズローは、これらの人間の持つ欲求を理解することが大切だと唱えています。人間は常に何かを欲求し続けるものであり、その欲求そのものが何らかのアクションの動機づけになるのだというのが、彼の主張です。

欲求は図のように段階的になっていて、下位の欲求が満たされると、さらに上位の欲求を満たしたいと思うわけです。

人間が本来持っている普遍的顧客心理とは、マズローの言う生理的欲求、さらには安全

の欲求に位置します。つまり、どのお客様にとっても、そもそも根幹的な「動機」として捉えられるものということになるのです。

生きていくために大切な健康状態を、食べるものによって害したくない、との思いや、人類が先祖代々守り、必要としてきた、生きていくために大切な自然環境が破壊される脅威から逃れたいという思いを、人は心の奥底に秘めているものなのです。

東日本大震災以降の、放射能汚染に起因する健康被害の問題や、中国の大気汚染による健康被害の問題などについて騒ぐ行為は、まさにわかりやすい事例と言えるでしょう。

健康でいたい、という人が持つ当然の気持ちを汲み取る

話を戻しましょう。実際にお客様に、自店の経営にちからを貸していただくためには、この普遍的顧客心理をどのように活用したらいいのでしょうか。

飲食店の運営における普遍的顧客心理とは、例えば、次のような場面でイメージしていただけるのではないでしょうか。

- お酒を飲みすぎている常連さんに、「もう、そのくらいでお酒はやめといたほうがいいよ！」と忠告する
- メタボでカロリーを気にしなければならない常連さんに、摂取カロリーが低い食材やメ

ニューをおススメする

・一人暮らしの男性の常連さんの食生活の偏りをケアするため、野菜料理をおススメするなどです。つまり、**お客様の健康状態を店主が気に掛ける**という行為です。

お店側としては、頼まれるままに料理を提供したり、客単価のとれる料理をおススメしたり、お客様の健康状態など気にしない対応が通常です。しかしこのステップでは、あえてそこまで気に掛けましょう、と説明しています。

それが店主やお店としての、お客様への感謝の気持ちの表現のひとつだからです。

来店頻度の多い少ないはあっても、自店で食事をされるわけですから、我われは少なくとも来店されるお客様の食生活の一端を担っています。

食を提供するお店を営む以上、お客様の健康状態を無視した料理提供は、一時的な繁栄にはつながるかもしれませんが、継続的な関係性を考えるとマイナスでしかありません。

自店の提供した料理を通じてお客様が健康を害してしまったら、その人が来店してくれてお金を置いていってくれる、という循環が崩壊してしまいます。例えば、お酒を飲みすぎている常連さんに忠告もせず毎日飲ませ続けていたら、その常連さんは近い将来、お店に来られる健康状態を保てなくなることは明白です。

飲食のプロとして、そこまで目を向けられるということは素敵なことだと思います。これはお店が小規模であればあるほど取り組みやすいでしょう。規模が大きくなるにつれ、取り組みにくくなる課題です。

しかし先に紹介したように「店主は店なり」ですから、お店が地域住民に愛される存在になるためにも、必ず取り組んでいかなければならないステップなのです。

お客様はこの対応をどのように感じるのか、再びショットバーの事例をご紹介します。

ＪＡＧＺＺに、毎週金曜日に来店されるＯさんという男性客がいました。この方は、いつもベロベロになり、酔いつぶれる寸前の千鳥足で、お店を後にして帰っていきます。

店主にはこのステップの説明をしていましたから、あるときから、Ｏさんに「５杯ルール」というものを適用し、５杯以上お酒を提供しなくなったのです。

Ｏさんは当初は「もっと飲ませろ！」と騒ぐこともあったのですが、やがて店主の思いが伝わり、必ず「今日もありがとう！」と言って帰るようになっていきました。

当然、Ｏさんの心の中にも、お酒で健康を害したくないという普遍的顧客心理があるわけですから、店主はそれを掘り起こしたに過ぎません。

しかしＯさんの心の中には、**店主に大切にされているという気持ちが芽生えて**、逆に感謝する領域にたどりついたようなのです。

お客様に店側の気遣いを伝える

規模が小さい飲食店の場合は、フェイスツーフェイスでの気遣いで対応が可能ですが、規模が少し大きくなってくると、直接の対応が難しくなります。

その場合は次のように進めていきましょう（次ページで写真と事例で紹介します）。

- メニュー表や貼り出しメニュー、ＰＯＰ等で気遣いを表現する（写真①、②）

来店される客層が気に掛けそうな健康情報をあらかじめ整理し、メニューやＰＯＰを通じて働きかける

- テーブルごとに担当の従業員をつけて、視覚的あるいは会話の中から発見したことから、さりげなく配慮したおススメ・メニューを提案する

例えば③の「お気遣いマニュアル」は、各テーブルごとの接客担当者が、接客中の会話から、お客様の健康課題をあぶり出し、メニューの提案に役立てるものです。

「最近飲み会続きで胃の調子が……」という情報が得られた場合、お酒ではなく温かいお茶を提案したり、さっぱりとした食べ物をおススメしたりします。

この記録を残しておくことで、先輩スタッフが「こういうお客様には〇〇もおススメだ

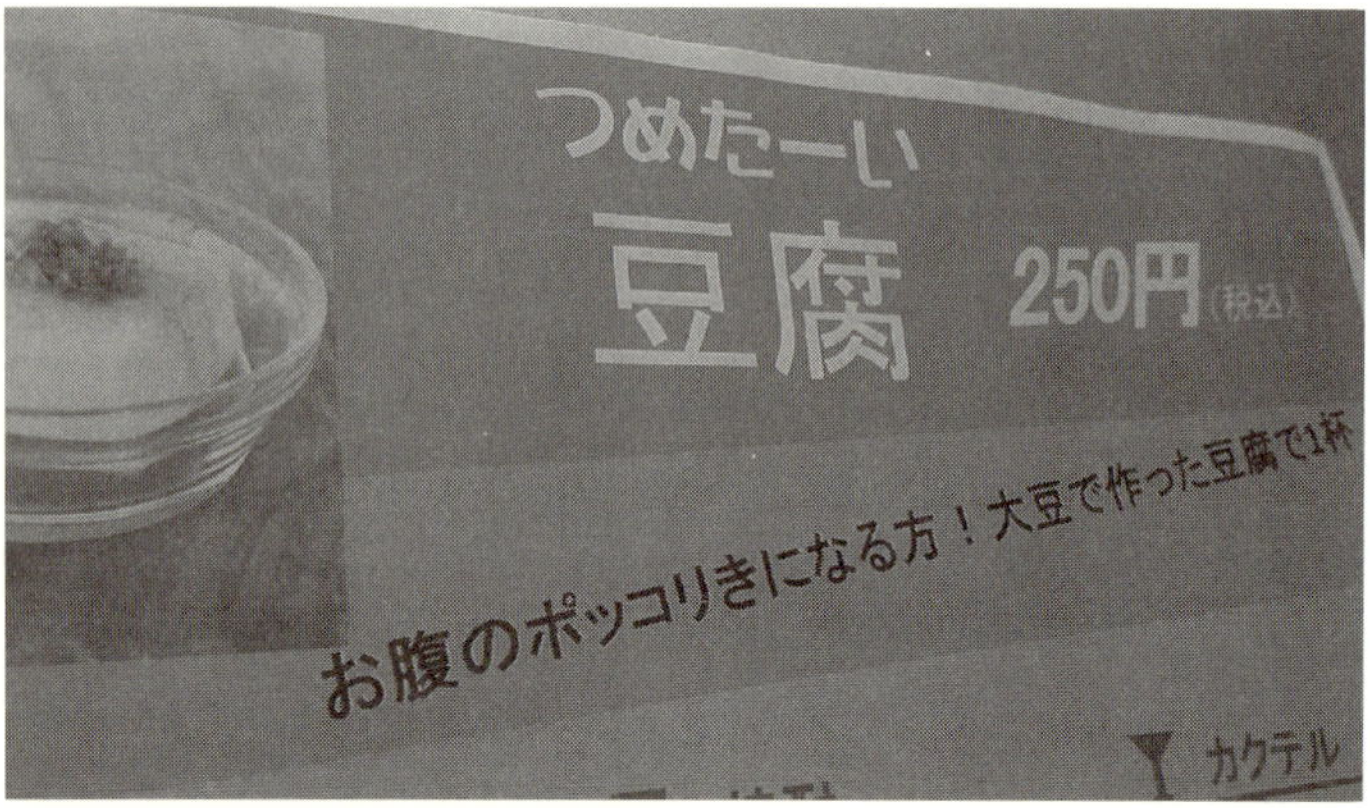

①メニュー表に書かれたメッセージ

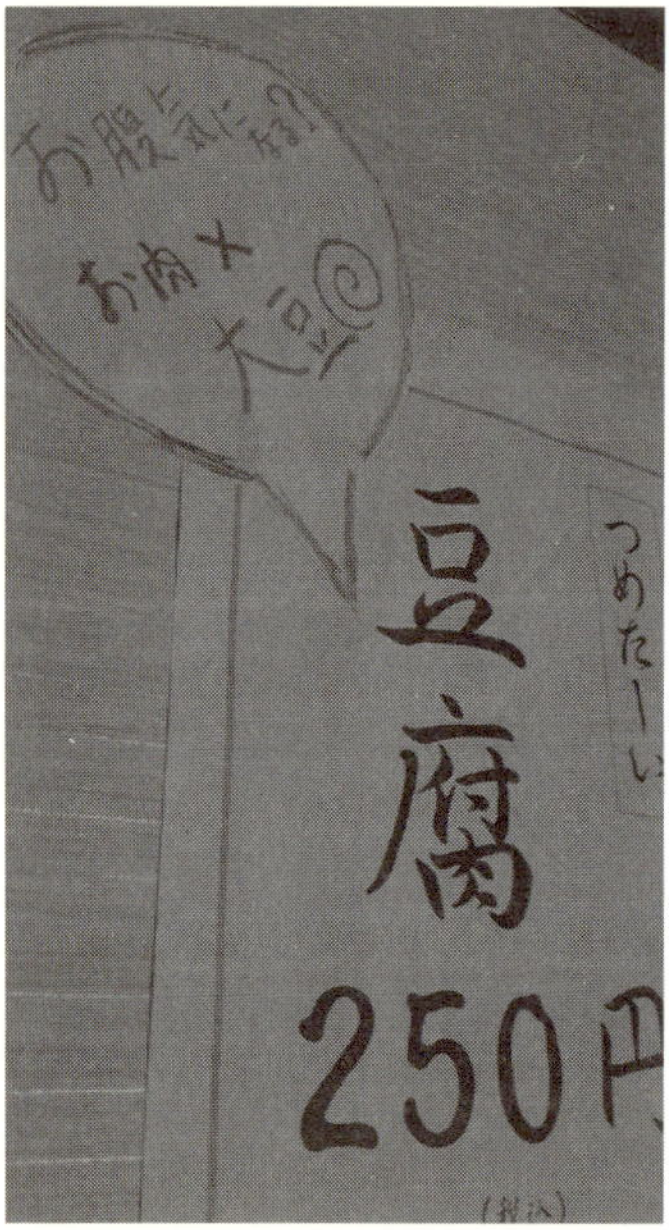

②店内に貼り出したメニューにもメッセージを伝えるPOPを

お気遣いマニュアル

担当者氏名：(　　　　　　　　　　　　　　)

今日、担当いただくテーブル番号は　　　　　　です！

お客様との会話等からお客様の健康増進に役立つ情報を取得し下記にメモしましょう

それでは、お客様の健康増進に役立ちそうなメニューを提案してみましょう！
提案したメニューは下記にメモしておきましょう！

③お客様への「お気遣いマニュアル」

よ」とアドバイスをしたり、別のスタッフが似たような課題を持つお客様のテーブル担当になった際に参考にすることができ、接客の向上につなげることができます。

ＳＴＥＰ４のポイントは、お客様の「健康でいたい」という普遍的顧客心理を店主が汲み取り、気遣ってあげることです。そうすれば、お客様の心の中に「大切にされている。ありがとう」という気持ちが生まれ、そのお店や店主を選んで来店し、ちからを貸してくれる（わざわざ来店して飲食してくれる）関係に進展していくことになるのです。

STEP 5 「このように役に立てます」を伝える

ロングセラー商品はなぜ愛され続けるのか

このステップは、本書をマーケティングの視点で捉えれば捉えるほど、非常に大切なステップです。

私は20代の頃、山崎製パンや湖池屋等で「ロングセラー商品を育てる」という大役を担ったことがあるのですが、その際、先輩諸氏に「ロングセラーに育て上げる真髄は、お客様にとって身近な存在という立場を勝ち取ること」と教育されました。

ロングセラー商品は、長く、ものによっては数十年にわたり、たくさんのお客様に愛されている商品です。お客様一人ひとりに必要とされ、継続して買い支えられているからこそ、長期の存続が許されている商品です。

買い支えるというお客様の行動は、「商品が存続するために、購買して（ちからを貸して）くれる」行為そのものだと言えます。

カラムーチョファン50人に聞いた
どんなときに食べる？　食べたい？（複数回答）

ビールや酒の肴に	43
食欲がないとき	41
気合いを入れるとき	30
夜中の仕事の激務中に	45
朝食代わりに	19
小腹が空いたら	39
ヒーおばあちゃんを思い出すたび	33
その他	18

一般社団法人エコ食品健究会調べ

例えば湖池屋の「カラムーチョ」というスナック菓子もロングセラーのひとつです。ヒーおばあちゃんというキャラクターと共に愛され、買い支えられています。競合のメーカーから、似たような辛味系スナックが発売されても、ものともせず、存在し続けているのです。

では、このカラムーチョは、お客様にとってどういった身近な存在なのでしょうか。それは、上の調査結果を見れば明らかになります。

この調査結果は、カラムーチョのファンだと言う人に、どのようなときに食べるかをアンケートしたものです（社団調べ）。

ビールの肴に、食欲がないときでも食べられる……など、とても多様な広がりを見せています。つまり、生活になくてはならない存在に成長しているのです。

この広がりがとても大切です。例えば「食欲がないときでも食べられる」という回答を考察してみましょう。そもそも、お菓子ではなくご飯を食べてください！ と言いたくなる結果ですが、それはさておきです。この回答は、視点を変えると「食欲がない人（なくて困っている人）の役に立っている」とも言えます。

ここまで説明すると、勘の鋭い読者の方なら、

困っていること・必要としていることがある→役に立つ→身近な存在になる

という因果関係に整理できる、と気づかれると思います。

お客様の身近な存在になって、応援してもらう

実は飲食店の経営においても同じことが言えます。お客様の「困っている・必要としていること」を見出し、役に立つサービスを提供できたならば、きっとお客様はあなたのお店を身近な存在と感じ、応援してくれる（ちからを貸して助けてくれる）ことにつながります。

飲食店に来店される人の困りごとは多方面にわたります。お腹が空いた、という飲食店が最も得意とする困りごとからはじまり、ほんとうに多種多様です。

例えば、夏の暑い日には「暑い」という困りごとがあって、涼みに来店されるかもしれません。私のような阪神ファンやサッカー観戦が大好きな人なら、家に帰ってテレビを見たいけれど間に合わない、という困りごとがあるかもしれません。

そこで先に紹介した、阪神ファンが集う、試合をテレビ中継してくれているお店や、サッカーの試合を放映している立ち飲み屋等が存在し、愛されるのでしょう。

つまり、飲食店の店主は、**うちの店はお客様のどのような困りごとに対して、どんな役に立てるのか、を明確に示した店づくりを進める**ことが大切なのです。

では、実際にお客様に来店していただき、ちからを貸していただく（飲食を楽しんでいただく）ためには、どのような視点で役に立っていけばいいのでしょうか。

主なポイントをいくつか挙げます。

- お店の立地（郊外、駅前、住宅街等々）
- お客様の健康状態（STEP4で紹介した、普遍的顧客心理を理解し表現すること）
- お客様の来店手段（車、自転車、電車、バスなど）
- お客様の趣味や関心事
- お客様の素性（家族構成、年齢、出身地、勤め先情報など）

これらを参考に、自店がお客様の困りごとの解決に、どのような切り口から役に立つことができるか、ぜひ考えてみてください。

困りごとを解決している具体例

例えば、私の事務所がある神奈川県相模原市にあるお店の事例を紹介してみましょう。

ここは神奈川と言っても、実は「めちゃくちゃ田舎」なのです。

東京都八王子市と山梨県上野原市に挟まれた町で、相模湖、道志川、丹沢山系に囲まれた緑豊かな場所です。一番近い駅までも相当時間がかかります。

ここにある居酒屋「山咲」は、当然お酒を提供するのですが、車での送迎がサービスに組み込まれています。

それは、もちろん飲酒運転防止のためであり、またこの辺りには「代行」という車を運転して帰ってくれる業者も存在しないからです。

お店としては、車を運転するけれども、飲みたい常連さんにお店に顔を出してもらわなければなりません。そうすると送迎サービスが当たり前になるわけです。

つまり、居酒屋「山咲」はお客様の来店方法に着眼し、送迎という役に立つサービスを提供しているのです。

ショットバーＪＡＧＺＺはどうでしょうか。いくつも、きめ細やかなサービスを提供しているのですが、今回はお客様の素性に着眼した取り組みを紹介したいと思います。

店主は私がお手伝いをさせていただくようになってから、すでに紹介してきた通り、お店の経営に一所懸命に取り組んでいます。お客様との会話も可能な限り熱心にされ、お客様の家族構成もしっかり頭にインプットしています。

奥様はどんな性格で、何が趣味で、子どもさんは何人いて何歳になる、などです。また、お客様との会話で聞きつけた情報を、「お客様情報」というノートをつくって整理しています。

その中で店主は、来店されるお客様のほぼ全員に共通することを見つけました。それは、奥様の誕生日や結婚記念日等を記憶していないこと、その記念日に何かしらのアクションをしたことがないこと、です。

そこで店主は常連のお客様にお声掛けし、奥様の誕生日等の情報を聞き出していったのです。そして、ドライフラワーサービスを考えつきました。

ご来店されるお客様の奥様の誕生日が近づいたら、会話の中で告知し、誕生日の１週間前にはメッセージつきのドライフラワーをお客様に手渡すのです。

反応は上々で「奥さんが本当に喜んでいた」などの話題で店内が持ちきりになったことも多々あります。

このサービスを受けたお客様4人ほどと話をさせていただいたのですが、皆さん、「どう言っていいのか、感謝ですよ感謝！」とおっしゃっていました。つまり、店主の取り入れたサービスは「お客様の役に立っている」のです。

このように、お客様の役に立つという日々のサービス提供は、お客様の心に「感謝」という気持ちを醸成することにつながるものなのです。

そしてその感謝の気持ちは、また来店してくれるきっかけとなり、「ちからを貸して助ける（応援する）」という行動につながっていきます。

6章

お客様に応援される飲食店　7つの法則
ちからを継続的に貸してくれる関係を築く

STEP 6 「楽しい」「楽しそう」な空間を演出する

楽しそうな「場」を提供する

ここからは、ちからを貸して助けていただいてから（応援されてから）の関係を良好に保っていくためのコツを紹介していきます。

お店が応援客の方々に引き続き応援していただくにはコツが必要です。その最大のコツが「楽しい」「楽しそう」をお店で演出することなのです。それがいかに大切かを、複数の視点から見てみましょう。

日本神話に登場する「天照大神（以下アマテラス）」の「天岩戸伝説」をご存じでしょうか？

あるとき、太陽の神である姉（アマテラス）が治める高天原で、弟（スサノオ）が大暴れしました。それに怒ったアマテラスは天岩戸に閉じこもってしまいます。

太陽の神が閉じこもってしまうと、地上は真っ暗闇です。困った神々は、何とかして外に出てもらおうと語りかけるのですが、アマテラスはいかなる説得も頑なに拒み、閉じこもり続けます。あの手この手を尽くすのですが、すべて失敗に終わります。

いろいろ考えた挙句、神々は岩戸の前で楽しそうに宴会を開くことにしました。すると、その様子を聞いていたアマテラスも気になって気になって、ついに外に出てきた、という話です。


人が楽しそうにしていると、何だか吸い寄せられるように目も耳もそちらに向かってしまうものです。神様ですらそうなのですから、楽しそうなところに人が集まるのは当然なのかもしれません。


次に人が集まっている空間についてです。人がたくさん集まる場所（空間）というと、どのようなものが浮かびますか？

イベント、アーティストのライブ、テーマパークなどが代表的でしょうか。このすべてに共通するのは、楽しい場所、楽しそうな場所だ、ということです。

楽しそうだからこそ、人が集まるわけです。反対に、楽しそうでない、つまらなそうな場所には人は集まりません。

以上のことでご理解いただけたと思いますが、**応援客をつなぎとめておくためには、お店を楽しいと感じてくれる空間づくりをしていかなければならない**のです。

「楽しそう」とは具体的にどういうことか

お客様の趣味や関心事に寄り添っている例、客層に共通点を見出して演出する例、テーマパーク的に演出する例など、いろいろな切り口で「楽しそう」を演出しているお店を、次ページから写真でご紹介します。

いずれにせよ、「楽しい、楽しそうな店づくり」が応援してくれるお客様をつなぎとめる、最大のコツなのです。

写真で紹介しているお店はハード面（お店のつくりや世界観の表現など）にこだわったものが多いですが、お金をかけずにすぐにはじめられる、ソフト面での楽しさの演出も可能です。例えば、次のような視点で取り組まれるといいでしょう。

●応援客同士を仲よくつないでいく雰囲気（場）づくり

↓店主が紹介し、つなぐ

↓イベントを実施し、交流促進をはかる

↓イベント自体の企画を応援客にゆだねる

お店の外観で一目瞭然、阪神ファンが楽しめる居酒屋

料理を模型の汽車が運び、座席も実際の車内を再現している、鉄道ファンには楽しい食堂

お父さん世代をターゲットに「ハゲ」を
楽しさに変えるこんなサービスも

童話の世界が壁面いっぱいに描かれ、店内に入った瞬間から異空間を楽しめるレストラン

↓クイズ大会など、居合わせたお客様を巻き込む簡単なイベントを行なう

●お店のメニュー開発に応援客に参加してもらう雰囲気（場）づくり

↓応援客を適宜選抜し、意見を伺う
↓応援客を集めた試食会を実施する

●応援客の表彰制度を設ける

↓来店頻度が高いお客様を表彰
↓客単価が高いお客様を表彰
↓紹介客の多いお客様を表彰

例えばショットバーＪＡＧＺＺの場合、応援客が「店主の労をねぎらう会」を毎月１回定休日に実施してくれます。会の内容はさまざまで、店主が興味のある、週末競馬予想会、ボウリング大会、人生ゲーム大会などです。

普段、お店では見られない店主の人柄だけでなく、応援客の人柄も見られ、そのイベントでの出来事をネタに日々のお店での会話が弾む、という構図です。

また、お店への来店頻度のいちばん高い方を表彰する日を設けたりすることで、応援客が一堂に集まる場をつくって楽しんでいます。

他にも東京・代官山にある、野菜中心の料理を提供する「ベジカフェ」は2ヶ月に1回、応援客と一緒に仕入先の契約農家のところに出掛け、収穫体験や種蒔きなどを体験するイベントを実施しています。

これは、お店のこだわりを応援客にも理解していただくとともに、応援客同士の交流を目的に実施しているもので、自店のファン層の囲い込みの役割を担っていると店長はおっしゃっています。

STEP 7 「感謝」をちゃんと視覚化して伝える

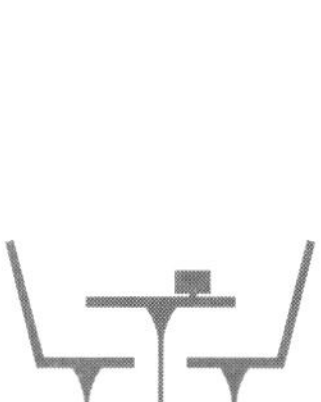

「視覚化」を習慣づける

いよいよ最後のステップです。応援していただいているお客様に、このステップを日々実践してこそ、継続的な応援をつかみ取れるのです。

お客様のニーズが多様化している時代です。これからもずっと、いつまでも応援していただいて来店してくださる、という保証はどこにもないのです。

ですから、飲食店の店主は日々お客様をつなぎとめる努力をしなければなりません。その最たるものが「感謝」を視覚化して伝えるということなのです。

単に感謝を伝えるということではありません。もちろん言葉でも、「いつもありがとうね！」と感謝の心を伝えることは大切です。思っているだけでは伝わるものも伝わらないので、しっかりと言葉にすることが大切です。

しかし私の経験上、規模が小さい個人飲食店ほど、店主は恥ずかしいのか、しっかりと

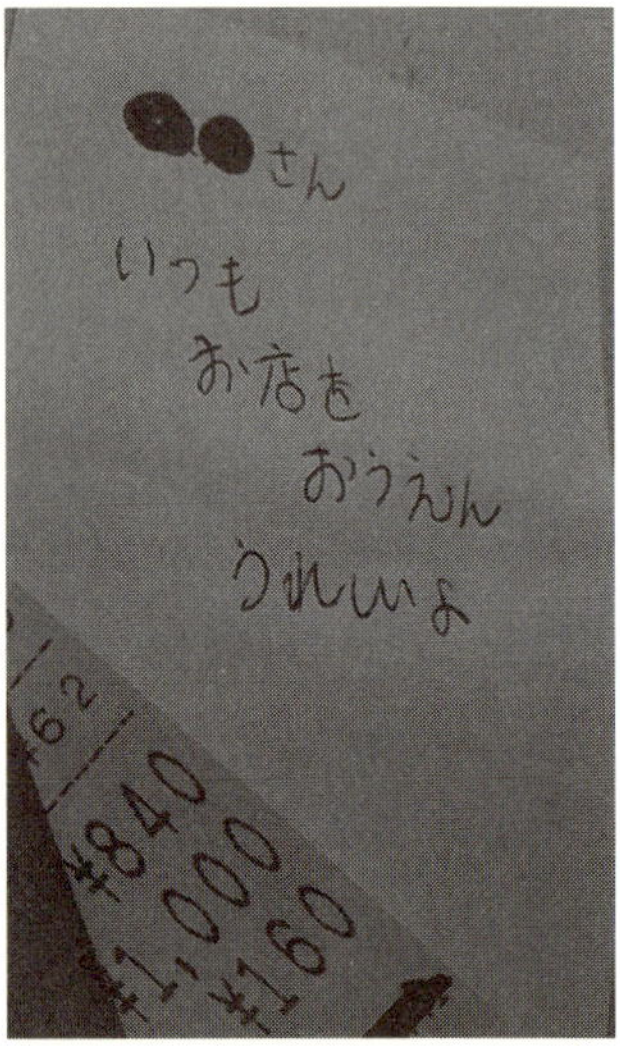

実際のレシート裏のメモ

感謝の気持ちを伝えていません。

大手飲食チェーンのほうが、マニュアル通りにかもしれませんが、しっかりと会計時などに「ありがとうございました！」と感謝の気持ちを伝えているような気がします。心があるのかないのかはそのときのスタッフの様子を見れば一目瞭然ですが……。

ここではもう一歩踏み込んで、応援していただき、来店してくださっているお客様に、しっかりと感謝の気持ちが届くよう、私がよくお伝えしている方法をご紹介したいと思います。

それは、手書きのメッセージを会計時にサラッと渡すという行為です。どんな紙でも構いません。私はレシートの裏に記入することをおススメしています。

写真のようにレシートの空きスペースに「〇〇さん、いつも**応援してくれて**ありがとう！」という気持ちを書き込んで、お釣りと一緒に手渡すのです。

この写真の例はショットバーJAGZZがいつも実践しているものです。

必ず押さえなければならないのは、「**応援してくれて**」という言葉です。こうやって毎回、感謝の気持ちを書いて渡す習慣を身につけると、言葉も自然とついてくるものです。

実際この店主も言葉で伝えきれていなかったのですが、この習慣を取り入れただけで、見違えるほど感謝の気持ちを伝えることに漏れがなくなりました。

自分は応援客だ、とお客様に認識してもらう

感謝の気持ちを「応援してくれてありがとう！」と視覚的に伝えられたお客様には、「自分はお店に貢献しているのだ……」という自覚（感情）が湧くことがわかっています。

このことが、**応援客が自ら「お店を応援している」という事実を知るきっかけにもなり、応援していることに誇りを持ってもらう場を提供する**ことになるのです。

自分はこのお店を応援しているんだ、ということに気づき、店主から感謝されていることに誇りを持ったお客様は、その後も来店し続け、応援し続けてくれるようになります。

7章
自店がお客様に応援されているちから＝「応援力」を知る！

1

応援客になる可能性がある お客様の店内での見つけ方

自店の経営にちからを貸して助けてくれそうなお客様、つまり応援客候補は、どのように見つけていけばいいのでしょうか。すべてのお客様に、そうなっていただきたいし、なっていただける可能性があるわけです。

そうは言っても、お客様全員に応援客になっていただくということは、現実的ではありません。なぜなら店主やスタッフが管理しきれないからです。

そこで私は支援先の店主の方たちに、**少しずつ応援客を増やしていく**という手法を取ることを、おススメしています。

その際、応援客になってくれる見込みがあるかないか、という取捨選択の視点を知らないと、せっかく時間をかけて選抜したのに結局は無駄骨になってしまう、ということが往々にしてあります。

ここでは、すでにご来店いただいているお客様の中から、応援客になる可能性のある人を見つけていく方法をご紹介したいと思います。

実は、その方法はたった3つしかないと言っても過言ではありません。

まずはひとつ目です。それは、**「気が合うな～」という人を見つけること**です。

「そんなこと？」という声が読者の皆さんから聞こえてきそうですが、これは本当です。見つけたいのは応援していただくお客様です。気が合わない人との仲を、長期にわたって継続することができるでしょうか。仮にできたとしても、気が合わない人との関係の長期継続は、こちらも疲れてしまいます。

ですから、この理由は意外に大切なことなのです。店主ひとりで営むお店の場合、店主のマンパワーには限りがあります。ひとりで管理できるお客様の数も、限界があるのが現実です。

そういう意味では、店主が現実的に管理できる範囲を確かめながら、一人、また一人と、今来店してくださっているお客様の中から気が合う人を吟味して探し、7つのステップを経て、応援客に育てていくことが現実的な路線なのです。気が合わない人を、わざわざ選抜する利点はどこにもありません。

応援客を店内で発掘する（気が合う人を見つける）方法を以下に紹介しますので、ぜひ皆さんのお店でも確認してみてください。

●見た目に好感が持てる人

これは店主の性格や考え方によってそれぞれです。一律に「こうであるべき」というものはありません。例えば競馬好きの店主であれば、耳に赤鉛筆を挟んでいるような人に好感を持つかもしれません。

自分に大学生の息子がいれば、息子と同年代くらいの男性が可愛くて好感を持つかもしれません。ほかにも清潔感がある人がいいとか、男性嫌いだから女性がいいとか、理由は店主それぞれだと思います。

いずれにせよ、何となくという程度の理由でかまいませんので、好感が持てる人を選ぶことが、気の合うお客様を見つける近道です。

●食事中の仕草や癖に好感が持てる人

これも店主の性格や考え方によってそれぞれです。例えば、箸の使い方、テーブルにある調味料の使い方……、いろいろな場面で、お客様がこれまでの人生で培ってきた食事中の仕草や癖などが見え隠れします。

魚がおいしいお店の店主なら、焼き魚を食べるのが上手なお客様に好感を持ち、下手なお客様にはイライラするかもしれません。

「米粒ひとつ残さずに食べるお客様がいい」「いただきます・ごちそうさまをちゃんと言う人がいい」など、何かしらこだわることがあるはずです。自分なりの視点で、好感を持てる人を選抜しましょう。

●趣味や関心事が合いそうな人

これも店主の趣味や関心事によってそれぞれです。例えば、阪神ファンの店主であれば阪神ファンのお客様と気が合いそうだと思うでしょう。

釣り好きの店主なら、釣り好きのお客様とは気が合いそうです。このように、趣味や関心事が一致しそうなお客様とは気が合うことが多いので、おススメです。

余談ですが、私は飲食店や食品企業のコンサルタントである傍ら「シンプル・ベジ」というブランドで春菊を中心に野菜を栽培し、個人向けの宅配（通販）や、契約先の飲食店に野菜を卸す事業もしています。

個人向け宅配のお客様や飲食店のお客様の、約3割が私を応援してくださる応援客なのですが、その発掘の最初の段階では、実際に一度直接お会いして、食に対するその人の考えを必ず確認するようにしています。

そのうえで、考え方が私と似ていて同調できそうな人を、気が合う人だと選別しています。

ショットバーＪＡＧＺＺの場合は、店主はお酒の知識は浅いけれども、学習意欲が非常に高いこともあって、お酒に詳しい、あるいは興味が高い人を応援客に育てる候補として、会話を通じて選抜していきました。その結果、日々お酒に関して新しく得た知識を共有したり、教え合ったりする光景が店内で見られるようになったのです。

それでは、応援客になる可能性のある人を見つける方法の２つ目です。

それは、お店の内装、外観、料理など、**何かしら関心を持って店主に質問をしてくるお客様を見つけること**です。

お客様が、お店に何かしら興味を持たないことには、この話はスタートしません。応援客は先に紹介したように、非常に能動的で主体的な行動をとる人たちです。あなたのお店の経営をうまく運ぶために、親身になってちからを貸してくれるお客様です。そういった意味から、「このお客様は能動的に、主体的に、自店に協力してくれるのか」という〝素質〟を見るために、この視点でお客様を選抜していくことが大切なのです。

関心を持ってくれるということは、お客様のほうに何かしら店主に対する期待があるわけです。

例えば、お客様自身が釣り好きであれば、「釣りが好きか」と聞いてくるかもしれません。あるいは食べた料理がおいしいと思ったならば、「この食材はどこで手に入るのか」と尋ねてくるかもしれません。阪神戦をいつも放映しているお店に初来店したお客様なら、店主に「阪神ファンなのか」と尋ねてくるかもしれません。

このようにお客様のほうから尋ねてくる場合、期待していることと一致すると、今後、そのお客様は能動的に主体的にお店に関わってきてくれる可能性が、非常に高くなるのです。阪神ファンであるという回答を店主に期待して質問し、阪神ファンだという返事だったならば、阪神の試合ぶりについて、店主と考えを語り合いたくなるでしょう。

「事前期待」という言葉をご存じでしょうか。飲食店のマーケティングの世界では、顧客満足度を高めるために意識される言葉です。意味は「お客様が来店の際に何かしらの期待を持って来店される、その期待のこと」になります。

つまり、時間に追われ、通りがかりのどこでもいいから空腹を満たしたい、たまたま目に入ったお店に飛び込む、といったお客様ではなく、何かしらの意図を持って、わざわざ来店されている場合は、お客様側で想像を膨らませた期待があるわけです。

店主はこうであってほしい、料理はこんな味つけがいい、などです。この期待を上回ればお客様の心の中に満足が生まれます。下回ればガッカリしてしまうことになるわけです。

お客様のお店への関心が高ければ高いほど、期待通りなのか否かを確認したくなります。その確認の行為のひとつが、「質問してくること」なのです。お客様はその質問に対する店主の応答で、関わりたいお店なのか否なのかを判断するのです。

最後に3つ目ですが、こちらは店内アンケートから見つけることができます。その点については、本章5の「応援されているかどうかは店内アンケートから知る」の中で説明します。

2 応援客になる可能性がある お客様の店外での見つけ方

店外で応援客に育つ可能性のあるお客様と出会う場面は、大きく分類すると2つあります。お店の看板を引っ提げて屋外に出ているとき（イベント出店、チラシ配布等）、つまり仕事中と、日常生活で店外にいるとき（休日や開店していない時間帯）です。

まずは仕事中の場合の、応援客候補の見つけ方です。イベントに出店していたり、チラシを配布している場合は、店主が飲食店を経営しているという素性は明らかです。

例えばイベントでは何かしらの料理を提供し、ブースもお店の特徴を出すように装飾をしていますから、それを見てお客様の心に何かしらの期待が芽生えることが多々あります。

期待が芽生えたお客様は、来店につながるような情報を店主から聞き出そうとする（来店したいという意志を表出させる）でしょう。

来店につながるような情報とは「お店の所在地・お店の開店時間や休店日・どんなメニューが食べられるか・どんなお店の雰囲気か・店主の趣味や考え方」などです。

これらのことを聞かれたら、未来のお客様（見込み客）が店主に何かを期待し、必要な情報を取りにきている状態です。それは、何かしらの関心を店主やお店に抱いているという表われでもあります。

次に仕事をしていないときです。未来のお客様から見て、店主が飲食店を経営しているかどうかは、わかるものではありません。したがって、こちらから何もアクションを起こさなければ、応援客に育つ可能性のあるお客様を見つけることは不可能です。

そこで、食べ物に関わる会話をするように仕向けるアクションを、こちらから起こしていくことで、糸口をつかむことができます。

もちろん、唐突に見ず知らずの人に声掛けすることは避けましょう。不審者に思われてしまうでしょうから。会話する場面があったら、の話です。

なかなか難しいなと思われるかもしれませんが、スーパーでの買い物中や、飲食店での食事中にも、そのような機会は訪れます。

実際にあった事例をお話ししましょう。私が、都内の某居酒屋ですき焼きを友人と楽しんでいるときのことでした。隣に座っていた女性2人組がお店の人を巻き込んで次のような話をしていました。

女性「春菊ってお鍋に入れる食べ方しか知らない……」

店員「確かにね。春菊って他に調理法はないのかしら……」

先ほど紹介したように、私は春菊を中心に野菜を栽培し、飲食店向けに出荷している兼業農家でもあります。この手の話にはすぐに反応してしまうように体ができているようで、春菊の調理法について、「実はサラダがいちばんおいしいんです。ざく切りしてオリーブオイルと塩で和えるだけで、とてもおいしいサラダができます。栄養価もほうれん草に比べても……」と熱弁を奮ったのです。

この話を聞いた、女性のお客様や店員さんは興味津々で、「一度お店に伺ってもいいですか？」と話が弾み、後日、菜園に隣接するカフェに来店してくださいました。

このように、自店の強みや売りを理解して常々アンテナを張っておくと、こうした場面はちょくちょく訪れます。

私の場合は、春菊を使った料理でアンテナを張っているので、このような機会を見逃しません。春菊に対する共通の興味を軸に、応援客候補のお客様を獲得した瞬間でもあったのです。

3 お客様の会話から、応援されているかどうかを知る

自店が応援されているか否かは、お客様との会話からおおむね判断できるものです。また、お客様との会話を通して、単なる常連さん（固定客）でしかないことも知ることができます。

これらを知るためには、会話の中に、次のことが盛り込まれているかどうかを確認することです。盛り込まれていれば、応援されていると判断しても差し支えないでしょう。逆に、盛り込まれていなければ、そのお客様は常連さんであっても応援客ではなく、固定客以下であると考えても間違いないはずです。

●店主の体調を気遣う

応援客は、一所懸命に頑張っている店主の姿を見て、心の中の応援スイッチが入っています。そこで、昼夜を問わず頑張っている店主の体調を心配するわけです。休みは取れているのか、睡眠はとれているのか、などです。

●店主やお店の困りごとを気遣う

応援客はお店の運営がうまくいくようにちからを貸してくれるお客様です。ですから、お店が困っていることに積極的にちからを貸したいと思っています。

例えば、イベントの集客状況に困っていないだろうか、食材のダブつきはないだろうか、お店が多忙であれば何か手伝えることはないだろうか、などです。

●お店の経営状況を気に掛けてくれる

応援客はお店の経営がうまくいくようにちからを貸してくれるお客様です。そのため、経営状況がいちばん心配であったりします。そこで、「今日も盛況ですね」「今日は暇そうだね」「最近、お客さんの入りはどう？」、などの会話を織り交ぜてきます。そのような場合は可能な限りで結構ですので、本当のところを話してみましょう。きっと経営状況の改善に貢献してくれるはずです。

一方、単なる「常連さん」は、以上のようなメッセージを会話の中で発信してきません。何かちからになりたいという気持ちが、そもそも心の中にないからです。

もっと言うと、自分だけを優遇してほしいとすら思っています。隣席のお客様より少々多めに盛りつけてほしい、自分だけ少々割引してほしい、自分とだけ仲良く会話してほしいなど、自分本位です。

先にも書きましたが、いわゆるRFM分析に代表されるような、固定客囲い込み手法に取り組めば取り組むほど、自店のお客様の中にこの自分本位の固定客が増えていきます。顧客の来店頻度などを分析し、自店が「優良」と認めたお客様を特別扱いする、こういった手法は、「あなたは自店にとって特別に大切なお客様ですよ！」とお伝えしていく行為そのものですから、極端な言い方をすると、お客様は「お店に来てやっているのだから割引されて当たり前」という気持ちになっていくことも多いのです。

そして、一度そのような待遇をしたお客様の割引を取りやめようものなら、「わざわざきてやっているのに何だ」という具合に、クレームにすら発展しかねません。

予算があってやり続けられるのであれば、このような固定客囲い込み策を使って、お店を繁盛店にしていくこともひとつの策でしょうが、多くの小規模個人経営の飲食店は予算に限りがあります。

規模が小さいお店であればあるほど、固定客囲い込み策ではなく、低予算で実行できる、応援客を増やしていく活動に邁進するほうが賢明だと思います。

4 応援されているかどうかをお客様の行動から知る

自店が応援されているかどうかは、お客様の行動からも知ることができます。マザーテレサの言うところの「思考が言葉に、言葉が行動になる」からです。

前項では、応援されているかどうかはお客様との会話から知ることができると言いました。マザーテレサの言葉で説明すると、応援したいと思っているから言葉になり、そして行動になるわけです。

つまり、次のような行動がお客様に見られる場合は、応援されていると理解して差し支えないでしょう。

●店主の体調を気遣った行動

応援客は、一所懸命に頑張っている店主の姿を見て、心の中の応援スイッチが入っています。ですから、昼夜を問わず頑張っている店主の体調を心配し、自らできることがないかと考え、行動に出るものなのです。例えば、店内が繁忙であれば、注文取りをしてくれ

たり、お客様の飲食後の片づけを手伝ったり、などです。店主が少しでも仕事中に休憩をとれるよう、尽力してくれるのです。

●店主やお店の困りごとを気遣う行動

応援客はお店の運営がうまくいくようにちからを貸してくれるお客様です。お店が困っていることに積極的にちからを貸したいと思っています。

例えば、イベントの集客状況に困っている場合、友人に声掛けをして集客を手伝ってくれたり、食材にダブつきがあることがわかれば、来店されている他のお客様におススメして、オーダーを取ってきたりしてくれます。

●お店の経営状況を気に掛けてくれる行動

応援客はお店の経営がうまくいくようにちからを貸してくれるお客様です。先に記したように、お店の経営状況がいちばん心配であったりします。したがって、お店が暇な様子であれば、友人を同伴するなど、来店客数を増やす手伝いをしてくれたり、少しでも多くの料理を食べて客単価が上がるよう、意図的に行動してくれます。

5 応援されているかどうかを店内アンケートから知る

応援されているかどうかは、店内のアンケートからも知ることができます。

先に紹介した「お客様の会話」や「お客様の行動」から知る方法は、ピンポイントで「○○さんは自店を応援してくださるお客様だ」と知る方法でした。

一方アンケートは、匿名で実施することが可能なので、ピンポイントではなく、自店の**客層の性質**を理解することに役立つ手法です。

もちろん名前を書ける方には書いていただく欄を設けても構いませんが、書く書かないはアンケートを記入するお客様の判断にゆだねるべきだと思います。

またアンケートは、どんなに店主やスタッフが頑張っても、会話や行動からは把握できない応援客の存在を明らかにするのにも役立ちます。応援客の中には性格的に会話や行動で示すなど、率先して店主に働きかけられない人もいらっしゃいます。そのような人にきっかけを与えるためにも必要な方法だと言えます。

「客層の性質」と紹介しましたが、ここで言う客層の性質とは、「応援客がどのくらいいて、

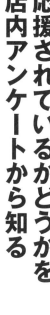

そうでない客がどのくらいなのか」ということを指します。

ここでは、あくまで「潜在的な応援客がどのくらい存在するか」を知ることがポイントなのです。そのことから、お店がどのくらいお客様に応援されているか（応援力）を知ることができるのです。

では、アンケートをつくるうえで絶対に押さえておきたい主な質問項目について説明していきます。ショットバーＪＡＧＺＺで実際に実施したアンケート（次ページ）と照らし合わせて見ていただけると理解がスムーズだと思います。

●来店頻度：来店してくださるお客様が、一般客、常連客、応援客のどこに位置するのかを判断するために必要な項目です。「はじめて・年に数回・月に1回以上・週に1回以上・どの程度かはわからないが定期的・今回で数回目」等々と選択できるように質問します。

●店の経営への参画意欲：応援客は固定客と違い、お店の経営がうまくいくようにちからを貸したいと思っています。応援客はお節介ですから、経営がうまくいくように口出ししたくて仕方がないのです。その意欲を確認するため、具体的には次のようなことを質問します。

↓料理に対して何かアドバイス等、ご意見がありますか？

お店をもっと良い空間にするためのアンケート

御協力いただけるお客様にお願いしています。
スペースが足りない場合は裏面に書いていただいても大丈夫です。

■質問①　お店にはどのくらいの頻度でいらっしゃってますか？該当する項目を○で囲んでください。

はじめて　年に数回　月１回以上　週１回以上

どの程度かわからないが定期的　今回で数回目

■質問②　料理に対して何かご意見ありますか？

■質問③　店内の空間（装飾品やトイレ、イスやテーブル等）に何かご意見がありますか？

■質問④　新メニューの試食会がありましたら参加したいですか？

■質問⑤　イベントを企画した際、都合がつけば参加したいですか？

■質問⑥　店長や店員に何か質問がありますか？

■質問⑦　今日は主に何を召し上がられましたか。メニュー表を参考にお聞かせください。

最後に差し支えなければ御名前とご連絡先を教えていただけませんか。
もちろん記載しなくても問題ありません。
このアンケートに記載いただいたことに回答等するためにのみ使用します。

JAGZZの実際のアンケート用紙

↓店内の空間（テーブルやトイレ、装飾品）について何かご助言やご意見がありますか？

↓新メニューの試食会等がありましたら参加したいですか？

↓イベントを企画した場合、都合がつけば参加したいですか？

↓店長（店主）に対して何かご意見がありますか？

●**当日お食事された内容**：当日、何をどれだけ注文したかを尋ねる項目です。応援客の性質を判断していくために収集します。

●**お客様のお名前と連絡先**：前の質問でお客様に参画意欲が見られた場合に、選抜して連絡するために聞いておきます。その際、お客様の意志にゆだねて記載していただくよう、注意書きを忘れないようにしましょう。決して無理強いしないことがポイントです。

最後にアンケート集計の際の留意点と分析のしかたについて説明していきます。

●**来店頻度**：多頻度でなくとも、半年に1回、年に1回等々、必ず来店される場合は、ある意味、固定客以上である可能性が高いということです。来店頻度が高い人が低い人より優遇される、という視点で取り扱うことのないようにしましょう。

●**店の経営への参画意欲**：お店の経営がうまくいくように、ちからを貸したいという思いが強ければ強いほど、さまざまなアドバイスや意見を記載してくれるものです。つまりこの記載が多ければ多いほど、自分ごととしてお店の経営を考えてくれているのだと理解するようにします。

●当日お食事された内容：当日、何をどれだけ注文したかを尋ねておくと、応援客の性質を判断していくことに役立ちます。「新商品を率先して注文してくれている」「単価の高い料理をわざわざ注文してくれている」「注文点数を多くしようと心掛けてくれている」「繁忙なので手間がかからない料理を頼んでくれている」などが読み取れます。

●お客様のお名前と連絡先：お客様の応援の気持ちが強ければ強いほど、率先して連絡先を書いてくださいます。逆に、固定客は自分本位ですから、割引券がもらえる等、自分へのメリットが感じられない場合は、名前と連絡先を書きません。

したがって、アンケートに記入いただく際には、余計なメリットをぶら下げて実施しないようにしましょう。

また、**たまたま来店していただいたお客様でも、たまに参加意欲が高く、お名前と連絡先を書いてくださることがあります。その場合は、応援客になる可能性が高いお客様を発掘した、という視点で対応していくと**いいでしょう。

参考までに、先ほどのショットバーで実施したアンケートの検討結果を載せておきます。

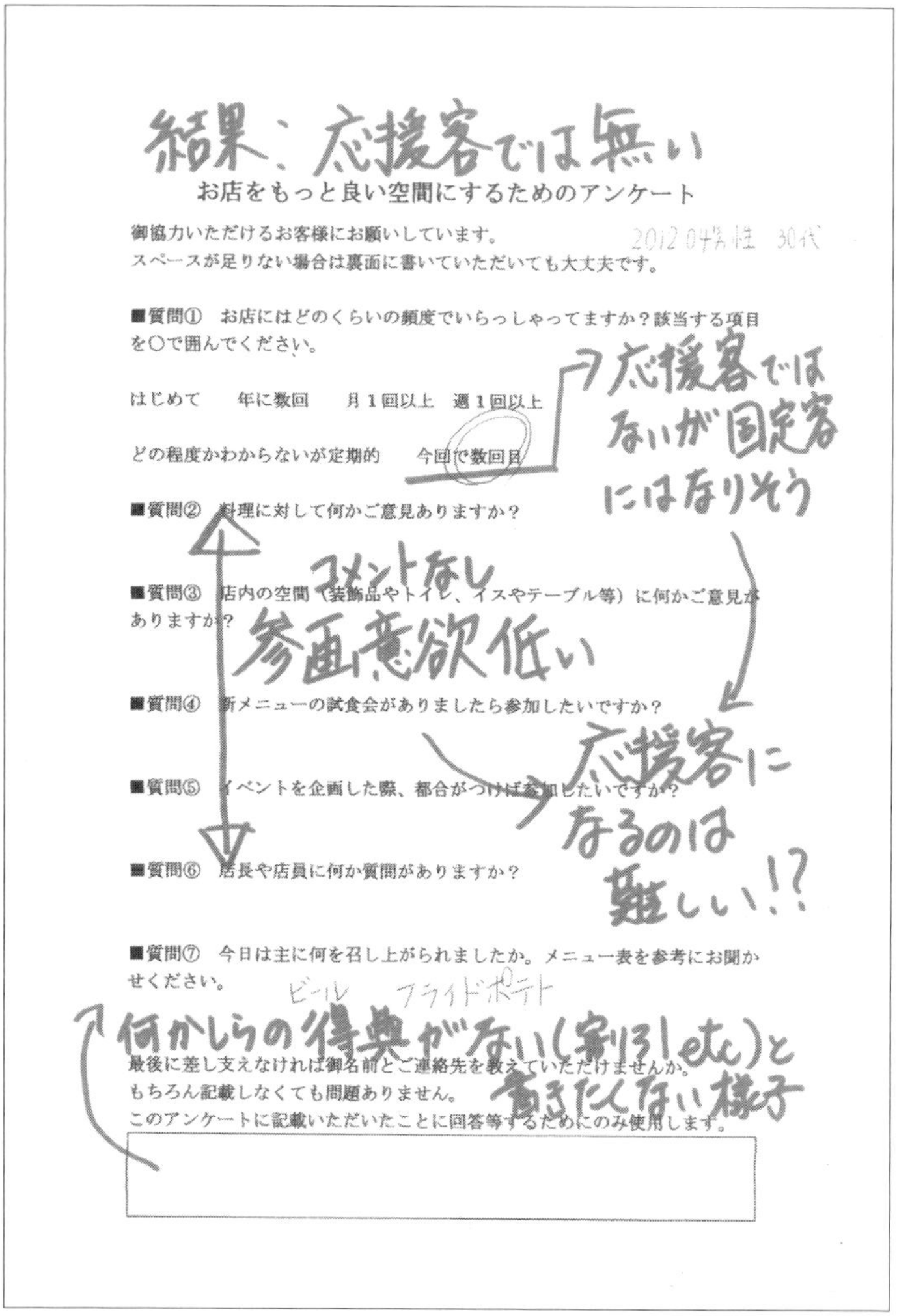

結果：応援客では無い

お店をもっと良い空間にするためのアンケート

御協力いただけるお客様にお願いしています。
スペースが足りない場合は裏面に書いていただいても大丈夫です。

2012 04 女性 30代

■質問①　お店にはどのくらいの頻度でいらっしゃってますか？該当する項目を○で囲んでください。

はじめて　年に数回　月１回以上　週１回以上

どの程度かわからないが定期的　今回で数回目

応援客ではないが固定客にはなりそう

■質問②　料理に対して何かご意見ありますか？

■質問③　店内の空間（装飾品やトイレ、イスやテーブル等）に何かご意見がありますか？

コメントなし
参画意欲低い

■質問④　新メニューの試食会がありましたら参加したいですか？

■質問⑤　イベントを企画した際、都合がつけば参加したいですか？

応援客になるのは難しい!?

■質問⑥　店長や店員に何か質問がありますか？

■質問⑦　今日は主に何を召し上がられましたか。メニュー表を参考にお聞かせください。

ビール　フライドポテト

何かしらの得典がない（割引etc）と書きたくない様子

最後に差し支えなければ御名前とご連絡先を教えていただけませんか。
もちろん記載しなくても問題ありません。
このアンケートに記載いただいたことに回答等するためにのみ使用します。

「応援客ではない」と判断できるアンケート内容（現物）

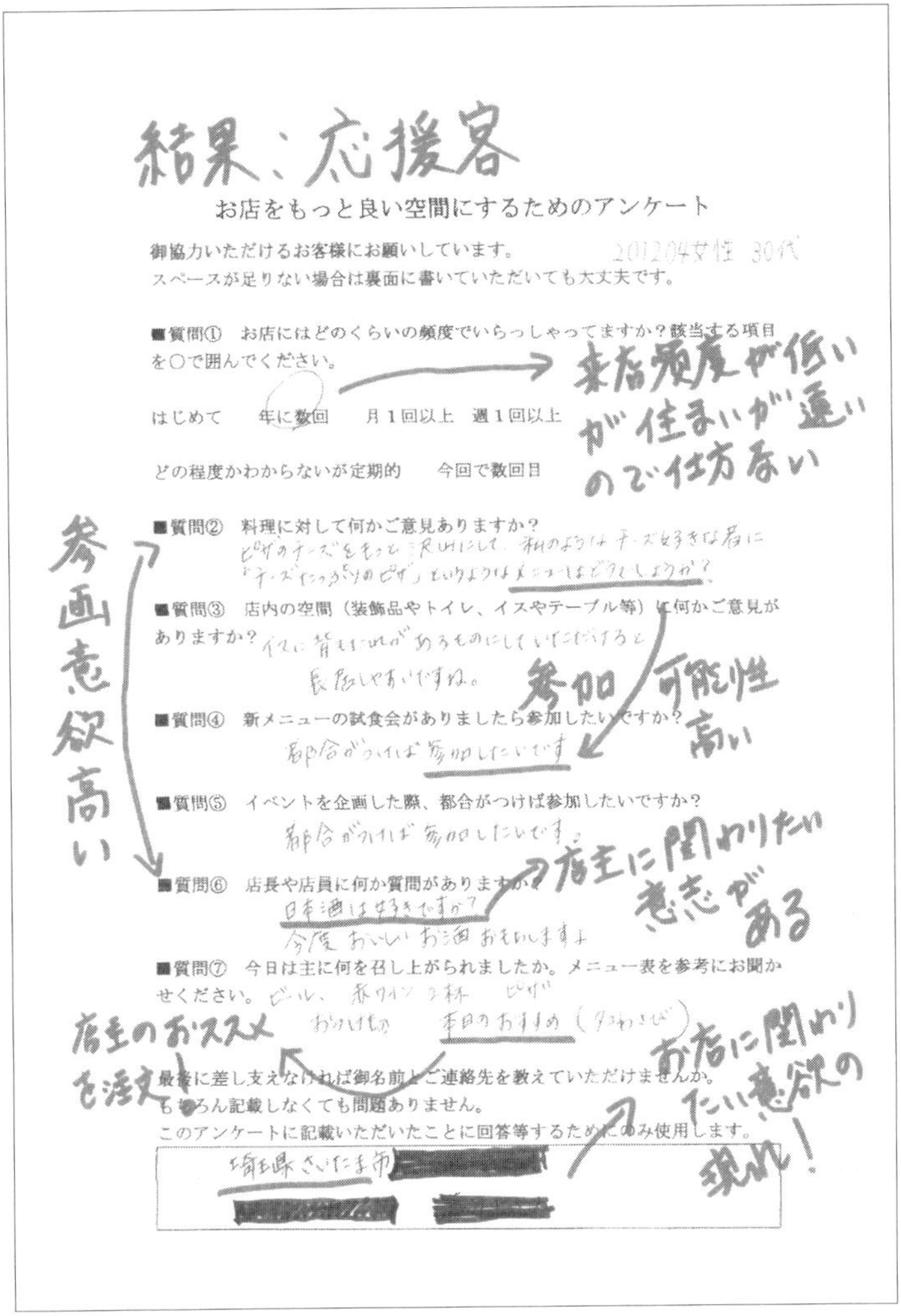

お店をもっと良い空間にするためのアンケート

御協力いただけるお客様にお願いしています。 2012年女性 30代
スペースが足りない場合は裏面に書いていただいても大丈夫です。

■質問① お店にはどのくらいの頻度でいらっしゃってますか？該当する項目を○で囲んでください。

はじめて　年に数回　月１回以上　週１回以上

どの程度かわからないが定期的　今回で数回目

■質問② 料理に対して何かご意見ありますか？
ピザのチーズをもっと沢山にして、私のようなチーズ好きな者に「チーズたっぷりのピザ」というようなメニューはどうでしょうか？

■質問③ 店内の空間（装飾品やトイレ、イスやテーブル等）に何かご意見がありますか？ イスに背もたれがあるものにしていただけると長居しやすいですね。

■質問④ 新メニューの試食会がありましたら参加したいですか？
都合がつけば参加したいです

■質問⑤ イベントを企画した際、都合がつけば参加したいですか？
都合がつけば参加したいです。

■質問⑥ 店長や店員に何か質問がありますか？
日本酒は好きですか？
今度おいしいお酒おもちしますよ

■質問⑦ 今日は主に何を召し上がられましたか。メニュー表を参考にお聞かせください。 ビール、赤ワイン3杯 ピザ
おつけもの 本日のおすすめ（タコわさび）

最後に差し支えなければ御名前とご連絡先を教えていただけませんか。
もちろん記載しなくても問題ありません。
このアンケートに記載いただいたことに回答等するためにのみ使用します。

埼玉県さいたま市[redacted]

[redacted]　[redacted]

「応援客」だと判断できるアンケート内容（現物）

応援客の割合と客数・客単価の関係

	2013年 1月-3月	2013年 4月-6月	2013年 7月-9月	2013年 10月-12月	2014年 1月-3月
応援客の構成比（%）	12	16	25	32	31
月あたり来店客数（人）	142	143	141	181	187
月あたり客単価（円）	2216	2120	2610	3410	3391
備考	7月～9月の夏のドリンク需要で多少、客単価が上昇するも、来店客数に変化なし			応援客の構成比が30％を超えると、紹介等で客数が増え、客単価も上昇する	

一般社団法人エコ食品健究会調べ

なお、2章－5で、客数における「応援客」の割合が一定のラインに到達してはじめて、お店の来店客数と客単価が上がる、とご説明しました。

このショットバーでは上の表のように応援客の構成比がおおむね3割以上になったとき、客単価・客数共に上昇傾向になっています。私の経験上、ほかの多くの飲食店でも同じような傾向を示すことがわかっています。

自店のお客様のうち、どのくらいが「応援客」と判断できる状態なのかを知るためにも、ぜひ店内アンケートは実施したいものです。

6 応援されているかどうかを仕入先の納品行動から知る

自店が応援されているかどうかは、お客様だけでなく仕入先の納品行動からも知ることができます。次のような場合は、応援されている現象と捉えることができます。

このような現象がひとつでも多くなるよう、7つのステップに日々取り組んでいきたいものです。

●納品時の滞在時間が長い：応援したい居心地のいい納品先には長居したくなります。

●メニューや食材提案が多い：応援したいお店には何かとお節介に提案して、お店の売上に貢献したくなります。

●お店の経営状況への最善の配慮（納価交渉等）がある：応援したいお店の経営状況は、仕入先にとっても何かと気になるものです。また、店主が考えるメニューの食材原価等に近づけようと、納価にも最善の配慮（努力）をしてくれるものです。

●わざわざ来店してくれる頻度が高い：応援したいお店は、仕入先にとっても魅力のあるお店ですから、自ら足を運びたくなるものです。

仕入先の人が、「今度、プライベートできますよ！」というような言葉をコミュニケーションを円滑にするために口にすることがありますが、社交辞令ではなく、本当に、わざわざお店に足を運んでくれる仕入先は、ある意味、本物の応援客かもしれません。

●**お客様を紹介してくれる**：仕入先にとって応援したいお店とは、その担当者個人が応援したいお店、ということですから、当然、友人や会社の同僚を連れて来店してくれる機会も多いのです。

8章

自店がお客様に応援されているちから＝「応援力」を伸ばす！

1 応援されるちから＝「応援力」を伸ばす理由

自店が応援されている状況は、4～6章の7つのステップを繰り返し確認し、修正し、継続することで達成されます。つまり応援客を獲得する基本の「き」が7つのステップなのです。

この章でお伝えすることは応用編です。基本はしっかりと身についた、と思われる方はぜひ、これからご紹介する方法に着手してみてください。

まず大前提ですが、なぜ応援されるちから＝「応援力」を伸ばす必要があるのかを確認しておきます。

応援とは「ちからを貸して助ける」ことです。応援される側は「ちからを貸したいと思ってもらえるか」がポイントで、応援する側は「ちからを貸したいと思えるか」がポイントです。

この話をすると勘違いする人が多いのですが、「支援する」という言葉とはまったく性格を異にします。支援とは「他人を支え助ける」ことです。「支える」ということは「応援」とは感覚が違うことに気づいてほしいのです。支援する側は「支え助ける」わけですから、応援に比べ自発的ではなく、踏ん張って頑張っている情景が浮かびます。

経営が順調でない、個人飲食店や食品加工業の立て直しのお手伝いにいくと、ご夫婦の旦那さんがよく「妻の支えがあって……」という言葉を使うことに気づきます。

私はこの言葉を聞くといつも「奥さん……お気の毒に……」と感じます。

支えている側は、どれだけ負担を感じていることでしょうか。ましてや、ご主人は奥さんにわざわざ「支えてくれている……」、つまり「助けてもらっている……」と押しつけるわけですから。私がこのご家庭の奥さんなら、とっくに離婚しています。

支えることとは、往々にして時間が経過すればするほど、とても「しんどい」「つらい」ことです。その言葉には「踏ん張る」「堪える」というニュアンスが隠れているからです。

支えてくれるお客様とはどのようなものなのか、自店のお客様との関係で置き換えてみてください。自分が支えているお店だから、おいしくなくてもおいしいと言わざるを得ない、楽しくなくても楽しいと言わざるを得ない……これではお客様にとってハッピーではありませんよね。

「支援」という言葉は、お客様にもスタッフにも使わないことが大切なのです。わざわざ「あなたに負担をかけています」と言う必要はありません。

「応援」という言葉の場合はどうでしょう。ちからを貸したいと思うか否かはお客様自身の自発的な判断です。ですから、決して何かをしてほしいと押しつけてはいないことに気づきます。それは、おいしいからおいしいと言える、まずいからまずいと言える、とても気楽な関係性です。

目指すべきは、このような気楽な関係性なのです。負担がないから継続してお店に通える、と思っていただいてもいいかもしれません。

話は戻りますが、ではなぜ応援されること、応援されるちから＝応援力を伸ばすことが大切なのでしょうか。このことを説明するのに、再びショットバーＪＡＧＺＺに登場してもらいます。

このお店の仕事を紹介してくださったのは業務用食材の卸をしている会社の役員の方でした。しかも私にお金（報酬）を払うのもこの役員、という契約だったのです。

最初は、なぜそこまでして役員の方がこのショットバーを支援してほしいとおっしゃるのか、まったく理解できませんでしたが、真相を知ったとき私は、応援力とはここまで凄まじいものなのかと思ったものでした。

その理由とは、「私が中堅社員で営業成績が上がらない頃、ＪＡＧＺＺの店主が私の頑張りに共感してくださり、当時お付き合いがあった仕入先からの納品を縮小して、私の会社に発注を集約してくださったのです。その時があるから今がある……」という話でした。

当時の店主は、いくつかの仕入先の中から、この会社の現役員の一所懸命な頑張りに魅かれ、共感し、応援したくなったのでしょう。

その応援は、現役員の会社内での成長に貢献しました。そして今、このショットバーへの応援という形で時間を超えて返ってきているのです。

この事例はあまりに素敵な話で、私は胸がジーンと熱くなったのを覚えています。

応援するということは、あくまで自発的な感情で、誰かに助けを求められたから関わるというものとは性格が異なります。そして応援されたという体験は、身体や心に深く刻まれ、恩返しとして応援してくれた方に返したくなるものなのです。

よく食品スーパー等で見かける「歳末謝恩セール」「生活応援セール」という販促の本来の意味は、まさにこの「応援されたら応援で返す」という試み（恩返し）であることを忘れてはなりません。

この手の販促の多くは本来の意味が薄れ、ただの販促手法に成り下がっていることが残念でなりません。なぜならそこに「お客様を応援したいという心」が感じ取れない企画内容になってしまっていることが多いからです。

このことを飲食店で考えてみると、どのようになるでしょうか。例えば開店から1年が経った節目の日、多くの飲食店が何かしらのサービスで、来店されるお客様に感謝を伝えようとします。しかし、そこに本当に「1年間応援していただいたので、応援でお返ししますと」という気持ちはありますか？　どうも「集客するきっかけに利用したいから販促を実施する」という取り組みが世の中に蔓延しているように思えてなりません。

これでは、必ずその真意が言動や行動に現われてしまい、お客様に不快感を与えてしまうことにつながります。売り込まれる、という思いを感じて、来店すらしてくれないかもしれません。

応援は応援を生み、そして応援される力は、倍々に膨れ上がるポテンシャルを秘めています。応援されるちから＝「応援力」を伸ばすとは、まさに応援し応援されるという関係性を構築していくことなのです。

2 店主の個性を磨き「応援力」を伸ばす方法

何度も触れてきましたが、お店が小規模であればあるほど、応援されるには店主の個性（キャラクター）が大切になってきます。よく個性を磨くことが大切だ、と耳にしますが、応援されるためには、その個性をどのように磨いていけばいいのでしょうか。

ここでは大きく3つの方法を紹介しますので、ぜひ活用してみてください。この3つを磨くことこそ、個性を磨くことだと思っていただいても差し支えありません。

●素直になる

応援してくれているお客様や、働いてくれているスタッフの前で、見栄や虚勢は禁物です。なぜならば、応援してくれている人が店主の見栄や虚勢を見た場合、不快感さえ感じることがあるからです。

先にも書きましたが、応援するスイッチが入る前提として、ウソ偽りのない素の人間性が求められます。どんなにつらくても、見栄や虚勢で乗り切るのではなく、**明るく素直に**

表現することが大切なのです。

例えば、お客様が少ない状態が続いて売上が厳しいとき、「問題ない！」「大丈夫！」と見栄を張るのはやめましょう。

応援してくれているお客様は、力を貸したいと思っているわけですから、「最近、お客様の入りが減っているんだけど、何かいい方法ないかな？」「こんなイベントしたいんだけど、力を貸してくれない？」と、素直に表現したいところです。ポイントは「明るく！」です。悲壮感を持って相談するとお客様は引いてしまいます。

応援される立場になった場合、お客様はパートナーです。共に楽しい「場」をつくることに協力してくれる存在なのです。

●専門性を高める

専門性にはさまざまなものがあります。お店にとって「伸ばさなければいけない専門性とは何なのか」を考えることからはじめるといいでしょう。

例えば阪神ファンが集う居酒屋であれば、「阪神タイガースについての詳細な情報」、家庭的フランス料理のお店なら、「フランスの食文化の広範な知識」等になるでしょうか。

阪神タイガースについてなら、主力選手の好きな料理や趣味、行きつけのお店でよく食べる料理など、どんどん集める情報を深掘りしていくことが大切です。「〇〇選手の大好きな鳥の唐揚げ」を研究すれば、それがお店のメニューになるかもしれません。

また家庭的フランス料理のお店なら、季節や催事ごとに「フランスの〇〇という地方では△△という料理を振舞います！」と現地の情報を伝え、専門性を垣間見せることができます。クリスマスシーズンには、「このような料理を家族みんなで食べるんです！」と紹介するクリスマスディナーをメニューに準備するのもいいでしょう。

そのためには、あらゆるところにアンテナを伸ばしておくことが大切です。場合によってはお客様から情報を入手することもあるでしょう（例えば、お客様の中にフランスに駐在した経験がある方がいらっしゃれば、自分の知らない地方のフランスの家庭料理のことを教えてもらえるなど）。そして、それは別のお客様には目新しい情報であったりするので、お客様との情報交換は重要なのです。

●応援してくれている人に関心を持つ

店主の個性を磨く方法の3つ目です。

応援してくれているお客様や、働いてくれているスタッフは皆、人間ですから、いろいろな感情をその場、そのときに表出させるものです。

例えば仕事で嫌なことがあった日に来店されたお客様が、無口であったり、ときに喧嘩腰だったりすることもあるでしょう。

いつも応援してくれているお客様です。日頃の応援への感謝をしっかりと心に刻み、このようなときこそ、お店側が応援してあげたいものです。

応援すると言っても、何か特別なことを話さなければ、と、構える必要は一切ありません。ただただ見守り、お客様が何か話をするならば、真剣に耳と心を傾けて聞いていればいいのです。そして「いつも応援してくれてありがとう。私も応援しているよ！」という感情を心の中に置いておけばいいでしょう。

先のマザーテレサの言葉ではないですが、その気持ちは必ず無意識に言葉や感情に現われるものなのです。

3 店内外の掲示等で「応援力」を伸ばす方法

掲示という方法で応援されるちからを伸ばすこともできます。店内外を問わず、掲示して応援されるポイントは、一所懸命な気持ちが伝わること、その掲示の内容が共感を得られること、の2点に尽きると言っても過言ではありません。

店内の掲示には、メニュー表、おススメのお品書きＰＯＰ、イベント情報などがあります。これらのすべてに、一所懸命に取り組んでいる姿と共感してもらいたい内容が記載されているかどうかをチェックしていけばいいのです。

例えば、私の経営するシンプル・ベジの例で見てみましょう。

次ページ上の写真は、事業をはじめた頃の「本日のお野菜」のお品書きです。そして下の写真は応援してくれるお客様が存在する、今のお品書きで、宅配で野菜をお届けするお客様の荷物に今回の野菜の説明書として、必ず同封しているものです。

違いは一目瞭然です。現在のお品書きは、「一所懸命ですね」「すごくわかりやすくて参考になります」と、お客様からも共感をいただいています。

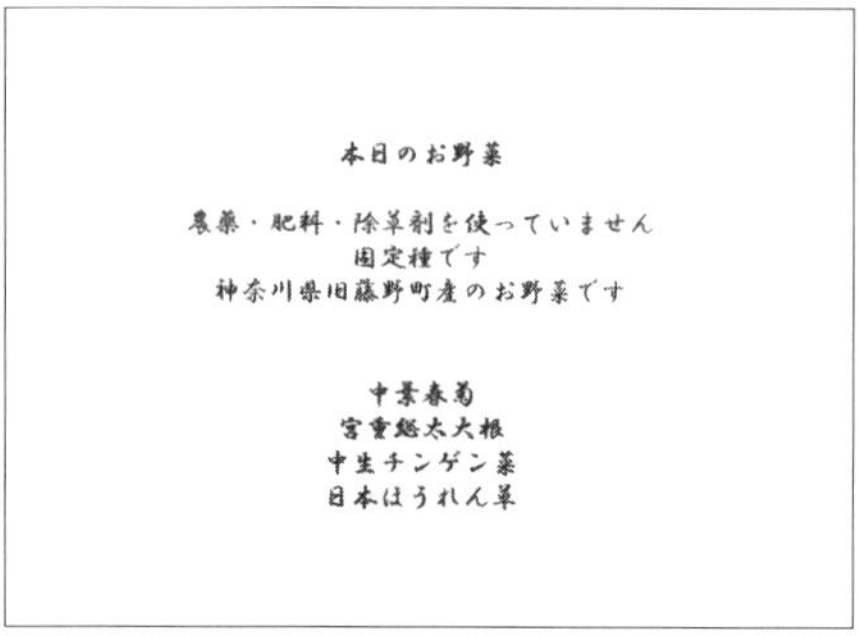

本日のお野菜

農薬・肥料・除草剤を使っていません
固定種です
神奈川県旧藤野町産のお野菜です

中葉春菊
宮重総太大根
中生チンゲン菜
日本ほうれん草

「シンプル・ベジ」旧お品書き

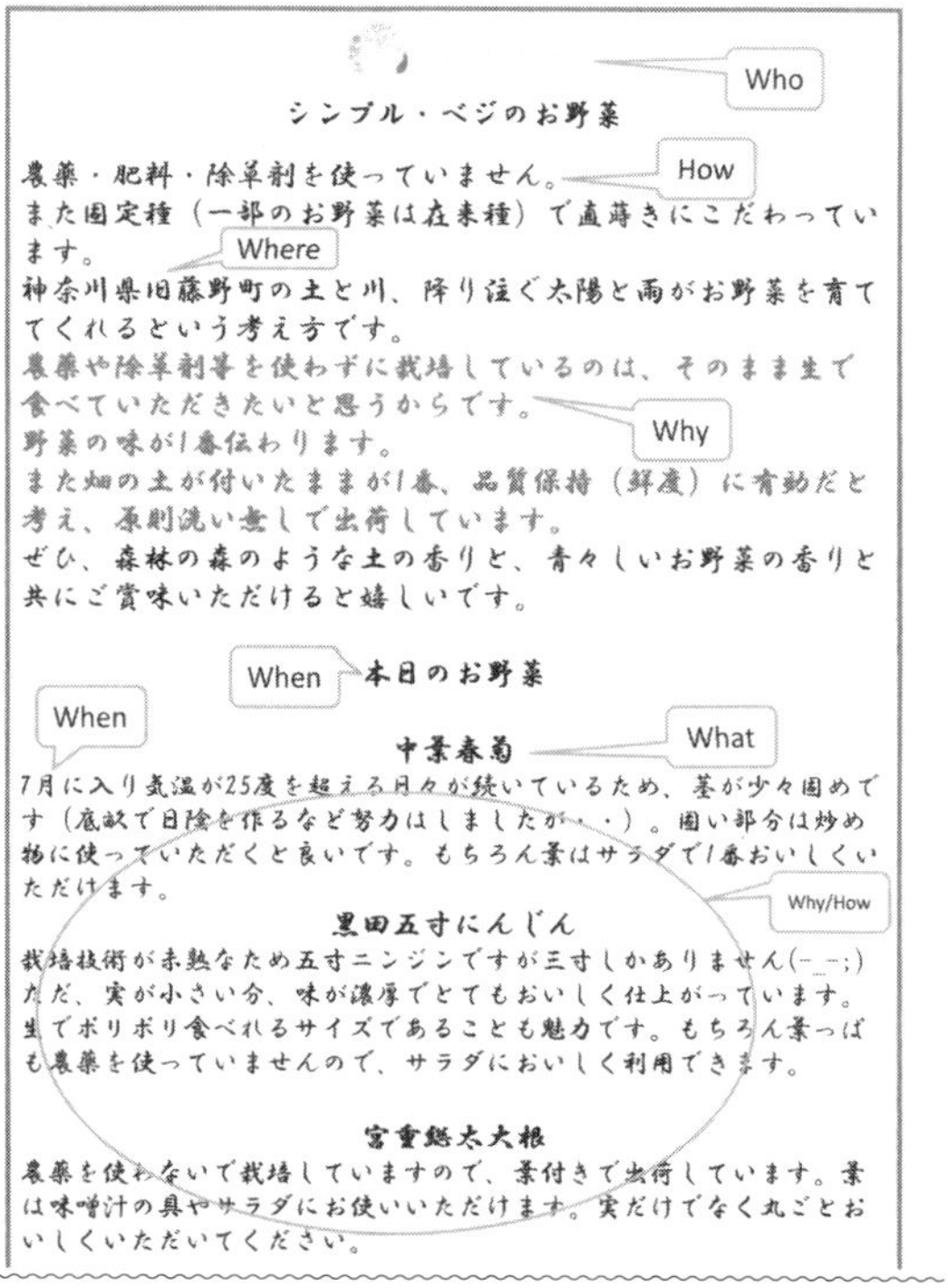

シンプル・ベジのお野菜

農薬・肥料・除草剤を使っていません。

また固定種（一部のお野菜は在来種）で直蒔きにこだわっています。

神奈川県旧藤野町の土と川、降り注ぐ太陽と雨がお野菜を育ててくれるという考え方です。

農薬や除草剤等を使わずに栽培しているのは、そのまま生で食べていただきたいと思うからです。

野菜の味が1番伝わります。

また畑の土が付いたままが1番、品質保持（鮮度）に有効だと考え、原則洗い無しで出荷しています。

ぜひ、森林の森のような土の香りと、青々しいお野菜の香りと共にご賞味いただけると嬉しいです。

本日のお野菜

中葉春菊
7月に入り気温が25度を超える日々が続いているため、茎が少々固めです（底畝で日陰を作るなど努力はしましたが・・）。固い部分は炒め物に使っていただくと良いです。もちろん葉はサラダで1番おいしくいただけます。

黒田五寸にんじん
栽培技術が未熟なため五寸ニンジンですが三寸しかありません(-_-;)
ただ、実が小さい分、味が濃厚でとてもおいしく仕上がっています。
生でポリポリ食べれるサイズであることも魅力です。もちろん葉っぱも農薬を使っていませんので、サラダにおいしく利用できます。

宮重総太大根
農薬を使わないで栽培していますので、葉付きで出荷しています。葉は味噌汁の具やサラダにお使いいただけます。実だけでなく丸ごとおいしくいただいてください。

「シンプル・ベジ」現在のお品書き

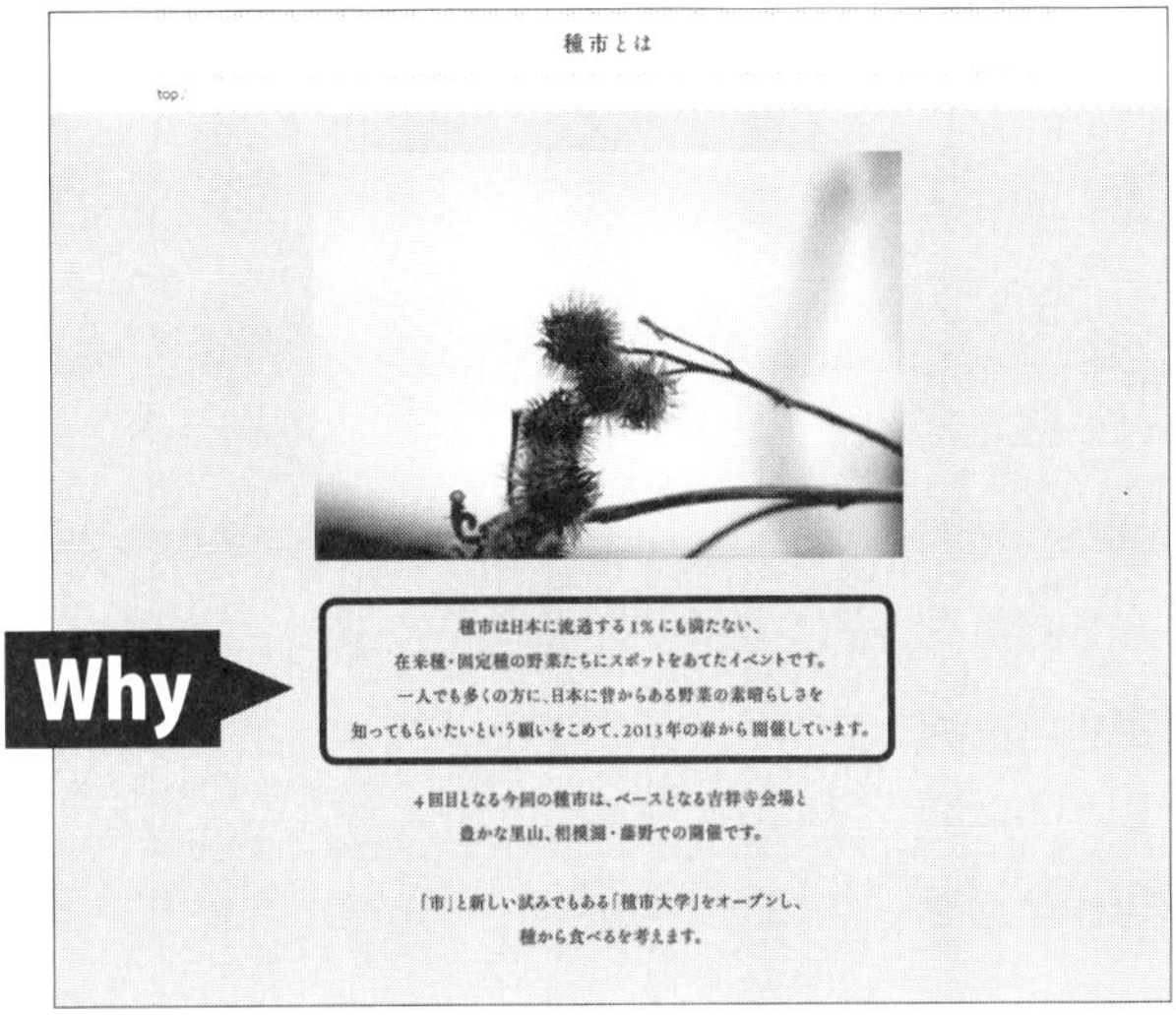

「種市」を告知するホームページ

では、肝心な一所懸命な姿はどのように伝えればいいのかというと、「5W1Hで伝える」ことがポイントです。

5W1Hとは「いつ（When）、どこで（Where）、誰が（Who）、何を（What）、なぜ（Why）、どのように（How）」という6つの要素をまとめた、情報伝達のポイントのことです。

そしてその中でも「なぜ？」という視点に比重を置いて展開することで、店主の一所懸命な姿が伝えられます。そこが共感を得やすいところだからです。

前ページのお品書きの写真の中に、5W1Hがそれぞれどこなのかを記載してあります。参考にしてみてください。

店外掲示も考え方は同じです。店外の場合はイベントの告知等が主になると思いますが、同じように5W1Hで展開し、「なぜ?」の比重を大きくして展開していきます。

前ページの写真は在来種の野菜の栽培に取り組んでいる団体が行なっている、種から野菜の現状を考える「種市」というイベントの案内で、「なぜ実施するのか」が全体の構成で大きな面積を占めています。

お客様はこの「なぜ?」に共感して、では「いつ」あるの?「何を」するの?、と読み進めていくものなのです。

4 ホームページやSNSで「応援力」を伸ばす方法

インターネットを介した情報提供や双方向のコミュニケーションは、実施しないよりは実施したほうがいい時代です。なぜならそれらが、多くの人が情報を収集するときの、いちばんメジャーな方法に成長したからです。

私はホームページを作成する専門家でも何でもありませんが、実際にシンプル・ベジの野菜を宅配しているお客様の約半分が、ホームページやSNS、特にフェイスブックを介して我われにファーストコンタクトを取り、応援客へと育っていった方々です。

まず私は、ホームページを「揺るがない定番情報を提供する場」と決めて取り組んでいます。「揺るがない定番情報」とは、飲食を扱う事業者のポリシーとも言えるものです。

シンプル・ベジの場合は、農作物がメインの商売ですから、栽培に関わる「揺るがない定番情報を提供する場」として、次ページの写真のような情報を発信しています。

この情報はシンプル・ベジ立ち上げ以来、一貫して変化していない情報です。言うなればポリシーであり、考え方の基本の部分なのです。

「シンプル・ベジ」のトップページ

飲食店において、この「ポリシー」はとても大切です。自分の口に入れる食べ物の取り扱い方に対する考えは、お客様にとって最も関心の高い部分でもあるからです。

ですから、いつでも見える場所に掲示しておく必要があります。そういう意味で最適なのが、ホームページのトップなのです。

インターネットで「シンプル・ベジ」と検索すると、最上段に自社のホームページが表示されます。

インターネットの世界は論文の世界と似ている、と詳しい知人から聞いたことがあります。論文は引用されればされるほど、その論文の価値が高まり、多くの人の目に触れる機会が増します。それと同じく、ブログやフェイスブック等からホームページにリンクを張ることは、論文で言うところの引用にあたり、インターネットの検索の世界で価値が勝手に高まり、上位に表示されるようになるのです。

つまり、リンクを張ったページが多いほど、ホームページを中心にインターネット内での「シンプル・ベジ」の情報が発信されている、ということになります。

そして、そのホームページで展開されたポリシーを裏打ちするものは日常の取り組みであり、その取り組みの情報を展開する場としてフェイスブックなどのSNSやブログが必要なのです。

ではSNSの中でも私がメインに使っているフェイスブックにはどのような情報を載せるのかと言うと、7つのステップの切り口を意識する必要があります。つまり、**一所懸命な姿、情報開示と発信、共感、普遍的顧客心理、役立つこと、楽しそう、感謝**、です。

フェイスブックに訪れるお客様の「応援力」は人それぞれです。場合によっては、はじめて訪問してくださった方（新規客）もいます。だからこそ、7つのステップを常々意識しながら投稿し、応援されるまでの段階を展開しておく必要があるのです。

では、具体的にそれぞれのステップを意識した投稿とはどのようなものなのか、実際の投稿例を紹介しておきます。

Step1
（一所懸命）
収穫の一連の経緯をそのまま展開し、一所懸命に取り組んでいる姿を伝えている

自然栽培の『シンプル・ベジ』

Simple Vege

【踏んだり蹴ったり出荷日】
通販で宅配されている！
全国の皆様に言いたい！
お疲れサマンサ～♪

聞いてよ！
今日雨だって言うので前日雨にも関わらず昨日今日２日かけて収穫したのよ。
カッパ着てても、どこから入るのかびしょびしょ (^_^;

いっその事、水着で畑のほーが良いんじゃね～？って感じ。

寒いから動き鈍るでしょ？

手は痛いし、しゃがんでは立つ繰り返すと腰痛いし、それに軽トラの荷台に
滑って膝打ち付けて膝痛いし (-"-;)

畑３つ移動せなあかんわけ。
びしょびしょやから、暖房入れると窓曇りまくリンゴで、まったく前見えへ
んがな。。（笑）！

そんでギリギリヤマト運輸に持ち込んだの。
本当は 19 時締めなんだけど、我が町藤野はど田舎なのね。

だからクール便だけ早めに持っていかないと翌日着に間に合わないわけ。
しかも津久井側に移転したし。。

で、終わった～！って喜んでいたら！今日の送料掛け売り見て。。
ビックリマーン (*_*；

通常 1/3 上限で送料見てたんだけど、なーんと 1/2 超えとるがな (/--)/

それもそのはず。
うち 80 サイズなわけよ！
しかも重さ制限忘れてたがな。

自然栽培の『シンプル・ベジ』

Simple Vege

苦手なカブと小松菜

第一段階クリアーし、安堵感いっぱいです♪

来月には一回り大きくなってくれることでしょう。

そして、そして、ドクダミ、ミント、レモンバームの収穫がスタートしました～♪

Step2
（情報開示と発信）
カブと小松菜の栽培が苦手なこと（発信したくない情報）を、隠さずに開示することで信頼性を高めている

Simple Vege

自然栽培の『シンプル・ベジ』

【野菜の日以降 発注いただいた方へ】
8月31日野菜の日に行われた農FUTUREに御来場いただき誠にありがとうございました。
実はその後、発注したいとのお問合せが異常なほど（笑）増える一方です。

しかしながらシンプル・ベジは以下ホームページの『お野菜の種類と販売』にありますように非常に限定的な商品供給を実施しています。
http://simple-vege.jimdo.com/

従いまして、8月31日以降、新たに御発注や御意向をいただいた（応援くださる意志をいただいた）全てのお客様に通年で商品を共有することは非常に困難な状況です。

ただせっかくのご要望ですので1度は御賞味いただきたいという気持ちもございます。

そこでお問合せをいただいた皆様に、現状の収量や秋冬の作業状況更には作付け計画に基づき『順に！』ご案内を実施していくつもりです。

なお新たな発注やお問い合わせは9月2日12時現在までで一度締切とさせてください。

すみません。

お問合せ順に対応していきますので、それまで辛抱強くお待ちいただければ幸いです。

なお、当日景品でお渡しした発注カード3人の皆様は優先させていただいております。

御連絡お待ちしています。

PS,8月31日以前より、すでに応援いただいているお客様には何ら影響ございませんので御理解よろしくお願いいたします。また丹波中納言小豆（生豆）のみ通販サイトで受注を現在しています。

Step3

（共感）
注文という形でのお客様からの問い掛けに、全力で対応したい意志を伝えると共に、これまで応援していただいている人たちを大切にしたい気持ちを伝えている

Step4
（普遍的顧客心理）
普段は捨てているものが実は食べられることを伝え、購買を促している

自然栽培の『シンプル・ベジ』
Simple Vege

捨ててる所も食べれる (6)

皆さんの手元に届く里芋は小芋です。
茎の下にある親芋を囲むように成長したものです。

多くの農家は出荷しない親芋を商品価値の無いものとして捨てています。

しかし、食べれるのですね！

アク抜きすれば煮ても良し焼いても良し♪

自然栽培の『シンプル・ベジ』
Simple Vege

春菊の季節到来です（笑）！
お鍋に！

Step5
（役に立つこと）
お鍋の季節に定番具材の春菊を出荷できること（＝役に立つこと）を伝えている

自然栽培の『シンプル・ベジ』

Simple Vege

チンゲン菜♪

ビューティーフォー♪

by 親父英語 風

Step6
（楽しそう）
チンゲン菜の生育状況を楽しく、おかしく表現

自然栽培の『シンプル・ベジ』

Simple Vege

1番嬉しい言葉いただきました
「春菊美味しかったです」

先日「チームかながわ」で取材を受けた際にいただいた「FM よこはま」のステッカー。

シンプルベジを応援いただいている全ての方々。

いつもありがとうございます♪

Step7
（感謝）
日頃応援していただいていることへの感謝 の気持ちを表現している

いつも美味しい野菜ありがとうございますｗ ☆
いいね！・返信・９分前

自然栽培の『シンプル・ベジ』 いつも調理いただいた写真をそうふいただきありがとうございます♪

袋詰めや収穫の際の参考になっています！

いいね！・返信・1・コメント投稿者：久保正英さん・７分前

何か調理した写真等々、要望あれば何なりとご連絡くださいねｗ ☆
いいね！・返信・６分前

自然栽培の『シンプル・ベジ』 いつも応援いただきありがとうございます♪

いいね！を取り消す・返信・1・コメント投稿者：久保正英さん・５分前

１度春菊食べてみたいです！

いいね！を取り消す・返信・1・３分前・編集済み

自然栽培の『シンプル・ベジ』 ぜひ、１度ご賞味いただきたいです♪

いいね！・返信・1・コメント投稿者：久保正英さん・約１分前

このような投稿をしていくと、コメント欄やメッセージにそれぞれの応援している程度に応じたコメントが返ってきます。

例えば「感謝」の投稿に対しては、上のようなコメントのやりとりがありました。

☆印が入っているのが応援客、それ以外がまだ応援客に育っていないお客様です。

☆の方へのこちらのコメントに対するお客様の返信の内容に注目してください。さらなる応援の意志がお客様からつづられています。非常にうれしいことです。

コメントを返す際には、応援されている、まだ応援されていない、の両方のお客様に切り分けて回答することが大切です。そのとき、次のような考え方で回答していくと、ますます応援されたり、応援しようという意志のある反応が返ってきます。

●**応援客への返信**：実際に応援されていると感じている、具体的な事柄について回答していきます。そうすれば応援客は、その事柄そのものが応援していることなんだ、と感じ取ることができます。

そのうえでコメントをすることで、ますますその事柄で応援しよう、という意志を表出してくれることにつながります。

●**まだ応援客ではない方への返信**：応援していただくためには、一所懸命に、共感できる取り組みをしていることを伝えていくことが重要です。そこで、なぜそのような投稿をしているのかを説明するとともに、その投稿で解決したい課題を紹介していくのです。コメント欄のように公開された場ではなく、メッセージ機能などで個別に対応していくこともポイントです。

今一度前ページのコメントの返信をご覧ください。意図がしっかりと伝わっていることが理解いただけると思います。また、このケースでは応援客でない方への対応は一対一のメッセージでやり取りしました。「シンプル・ベジ」がどういう思いを持って春菊を栽培しているのかを、直接お伝えすることで理解を深めていただき、この方は新規のお客様へと育ってくださいました。

5 近隣商圏の人たちへの振舞いで「応援力」を伸ばす方法

小規模な飲食店や食品企業ほど、地域で応援されることが重要です。そのためには、店内での振舞い以上に、店外での振舞いが大切であることを実感してください。

例えば地域の防災訓練があり、あなたのお店が炊き出しを提供する、という機会があったとします。その際、日頃から自店が率先してその訓練に参加していたらどうでしょう。

きっと「○○飲食店の△△さんの炊き出しはおいしいね」「○○飲食店さんはいつも地域のことを考えてくれてうれしいね」など、地域の人たちの心に温かい気持ちが灯ることでしょう。

しかし、自分の子が通う小学校の運動会等で、多くの親御さんに会うとき、無愛想に対応したらどうでしょう。

きっと「○○飲食店の方、感じ悪いわね……」と思われて、場合によっては陰口を叩かれ、地域からソッポを向かれる可能性すらあるのです。

あなたのお店の配達用の車の中が雑然としていたならば、整理整頓ができない不衛生なお店だと思われても仕方がありません。

よく「地域と共存共栄することが大切」と言いますが、そのためには、まずは自店自らが、地域と積極的に接していかなければなりません。

小規模であればあるほど、お店＝店主なのですから、店主が地域に対して肯定的に積極的に振舞わなければ、応援される存在になることはできません。

極端に言えば、あなたの日頃の振舞い（行ない）は、常に地域で見られているのだと思って、少々の緊張感を持って、日常を過ごすことが大切だと考えていただきたいのです。

その日常の振舞い（行ない）に共感を持った地域の人たちから順に、外食でお店を選ぶ際、あなたのお店を選択肢に加えてくださることになるでしょう。

6 仕入先からの「応援力」を伸ばす方法

仕入先からの応援されるちから、「応援力」を伸ばすには、自店が「仕入先との協業で繁栄していくのだ」という意志を持つことがポイントです。

間違っても「仕入れてやっている」と思い、上から目線の態度を取らないように心掛けなければなりません。

繁盛店の店主の中には、仕入先をひどい場合には、奴隷のように扱っている人もいます。「そこに置いといて！」「時間が遅い！」「鮮度が悪い！」などと、怒鳴りつけるように指示している場面にもしばしば遭遇します。

こうなると、仕入先の人の心には、おそらく反発心が芽生えます。

私も仕入先の立場での経験があるので、よくわかります。このような扱いを受けると、納品する食材の鮮度を落としたくもなりますし、おススメのいい情報を伝えたくなくなります（実際にそのような行為には走りませんでしたが……）。結局、お店にとってデメリットだらけなのです。

だからこそ、仕入先は自店を繁栄させるために協業するパートナーだと位置づけて、対等な立場で関わっていくことが大切なのです。

この意識で関わっていくと、言葉も上から目線ではなくなるでしょうし、怒鳴ることもなくなるはずです。

そして一つひとつの事象に正面から向き合い、肯定的な話ができるようになっていくと思います。この関係性を続けていくことで、先に書いた通り、仕入先が応援してくれるお節介に成長し、自店の経営がうまくいくように協力してくれることを惜しまなくなっていくものなのです。

特に、仕入先が何らかのミス（納品遅れ、品目間違い等々）をした場合には、その場では起こった事実だけを確認し、対応策を一緒に考えて乗り切り、改めて時間が取れるときに経緯を確認し、改善するための会話をしましょう。

このときの対応が万全であればあるほど、応援されるちから＝「応援力」が増すことになります。

おわりに

本書を通じて紹介した「応援される仕組み」は、1章でご紹介した、幸せを勝ち取る経営の根幹をなす手法です。お客様に応援され・お客様を応援し、スタッフに応援され・スタッフを応援し、仕入先に応援され・仕入先を応援し、自店の繁盛につなげる。この素敵な循環を築きあげる最短の手法なのです。

一見、売上を獲得して繁盛店にするには遠い道のりに見えるかもしれませんが、応援し応援され、関わる人たちが幸せになる経営が、実はいちばん「売上を獲得し繁盛する」ための近道なのだと思います。

「誰をも犠牲にせず、お互いに育み合いながら、関わったすべての方が幸せになる」
（アル・ケッチァーノ　オーナーシェフ　奥田政行）

私が大好きな言葉です。

「応援されて繁盛する飲食店」とは、まさにお店に関わるすべての人が応援し合い、成長した結果なんだよ！　とお伝えしておきます。

末筆になりますが、本書を執筆するにあたり、多くの方々に「応援される大切さ」を伝える機会を提供くださいました同文舘出版株式会社の古市達彦編集長、また執筆にあたり数多くのご助言をくださいました石川優薫さん、さらに、岡山出版会議を主催する赤松範胤さんをはじめ多くの仲間の皆様に深く御礼を言いたいと思います。

「ありがとうございます！」

２０１５年１月

久保正英

著者略歴

久保 正英（くぼ　まさひで）
経済産業省登録 中小企業診断士
農業／飲食／食品 マーケティング実行支援コンサルタント
1975年生まれ。大阪市出身。関西大学工学部応用化学科卒業（発酵工業専攻）。山崎製パン・湖池屋等の大手食品企業、大手コンサルティング会社を経て現在に至る。
現在、中小飲食・食品事業者252社の会員組織、一般社団法人エコ食品健究会代表理事、ＫＵＢＯ経営コンサルティング事務所代表、及び農薬・肥料・除草剤を使わない農法で季節野菜の栽培と卸を行なうシンプル・ベジの代表を務める。
自ら事業を実践しノウハウを蓄えながら、全国の中小飲食・食品事業者に講演やコンサルティングを通じて「応援される仕組みづくり」を指導している。また、著書に『飲・食企業の的を外さない商品開発　ニーズ発掘のモノサシは環境と健康』（カナリア書房）がある。
主な委員歴に、農林水産省「農林水産分野における総合的環境情報表示のあり方調査・検討事業」委員（2014年～）、環境省「CO_2排出量見える化　消費財分科会」委員（2008年～2009年）。主な受賞歴に、中小企業経営診断シンポジウム第１分科会　中小企業診断協会 会長賞（2013年）などがある。
■ KUBO経営コンサルティング事務所　http://kubo-management-consuloffice.jimdo.com/
■自然栽培のシンプル・ベジ　http://simple-vege.jimdo.com/
■一般社団法人エコ食品健究会　http://ecoken-workshop.jimdo.com/
■ブログ　http://ameblo.jp/kubo-management-consul/

「お客様が応援したくなる飲食店」になる７つのステップ

平成27年３月４日　初版発行

著　者――久保正英

発行者――中島治久

発行所――同文舘出版株式会社
東京都千代田区神田神保町 1-41　〒 101-0051
電話　営業 03(3294)1801　編集 03(3294)1802
振替　00100-8-42935　http://www.dobunkan.co.jp

 ISBN978-4-495-52991-8
印刷／製本：三美印刷　Printed in Japan 2015